資產為負的出身，享受

最富的人生

NOBLE PERSONALITY

奧里森‧馬登 Orison Marden｜克莉絲 逸凡 譯

目錄

CONTENTS

第六章 做精神上的強者

前言

奧里森‧馬登（Orison Marden）（西元 1848～1924 年），美國成功學的奠基人，全世界影響最大的勵志大師之一。

1930 年代，林語堂親自將馬登的部分作品譯成中文，結集為《成功之路》。林語堂在前言中寫道：「對於時代青年所經驗到的煩悶、消極等等滋味，譯者未曾錯過。自讀馬氏的原書後，精神為之大振，人生觀念為之一變，煩悶、消極、悲觀、頹唐的妖霧陰霾，已經驅除盡淨……謹將此書介紹給同病的青年，希望他們從中獲得（與我）同樣的興奮與影響。」

馬登的成功學著作多達四十五部。截至 1970 年代，大部分作品已在四十多個國家流傳，「加起來，他的書至少售出兩千萬冊」，美國記者、著名書評家門肯（Henry Mencken）說，「其中，至少三百萬冊不是用英語出版，而是用另外二十五種語言……直到今天，在歐洲，馬登仍然是最受歡迎的美國作家之一……在西班牙、波蘭和捷克、斯洛伐克的偏遠小鎮，我親眼看到他的譯本被放上書架。在某些連馬克‧吐溫和傑克‧倫敦（Jack London）都不為人知的地方，馬登

PREFACE

簡直就是美國文學的旗幟……」

馬登的一生，是追求財富、成功和自我完善的歷程，也是將所思所得凝聚成文字、造福他人的歷程。馬登去世後，上千個家庭給子女起名為「馬登」，以表達對這位奮鬥者的崇敬和對子女的期望。

奧里森·馬登，西元 1848 年生於美國新罕布什爾州的森林地區，地處偏遠，家境貧寒。他三歲喪母，七歲時父親也去世了。在幼小的馬登面前，生命是如此孤單，而存活下去又是多麼艱難。他只能像野草一樣匍匐於人們腳下，貪婪地吸收偶爾關照到自己的那一點陽光和雨露。

馬登寄人籬下，做了童工。每天工作十四個小時以上，卻吃不到一頓飽飯；雇主不但不像長輩那樣關愛他，還時常責罵和鞭打他；主人的孩子不跟他做朋友，還經常欺負他。這樣的困境持續了七年，馬登看不到任何希望。十四歲那年，他決心有所突破，於是勇敢逃出。馬登在一家鋸木場找到了工作，開始抓緊一切時間和機會讀書。在這裡，上天給馬登打開了一扇門，那就是讓馬登讀到了塞繆爾·斯邁爾斯（Samuel Smiles）的《自勵，人自為王》（*Self-Help*）。「它打破了我狹隘的生活，向我展示出一個從未想過的全新天地。我改變了所有的想法，改變了看待生活的角度……」馬登說，「我如獲至寶，反覆閱讀，直到它深深銘刻在腦海裡。」

《自勵，人自為王》使馬登的人生豁然開朗。他興奮地意識到，很多看上去遙不可及的事情，其實並不遙遠；即使像自己一樣的窮孩子，也可以透過努力擺脫困境，獲得財富和成功，甚至爬到社會的最上層。

　　馬登滿懷熱情地走出了深山老林，到城市裡尋求機會。他一邊工作，一邊找書來讀，跌跌撞撞地接受著教育。二十三歲時，馬登終於走進了大學校門。僅僅用了九年時間，他就拿到了如下學位：波士頓大學學士、奧拉托利會學士、波士頓大學碩士、哈佛醫學院博士。

　　此時的馬登博士，不僅學業出眾，而且在事業上也頗有成效。畢業前夕，他存了大約兩萬美元，開始做生意。到了四十歲左右，馬登已經成了一位擁有多家旅館的大亨，生意風生水起，財源滾滾。

　　然而，天有不測風雲。19世紀末，經濟蕭條席捲美國，倒閉潮以及失業潮引起多次騷亂和暴動。西元1893年，馬登的兩個主要旅館在暴動中被付之一炬。馬登一夜之間就從百萬富翁變成了窮光蛋。他背著沉重的債務，來到波士頓，開始了成功學方面的創作。大約三十年前，少年馬登因為一本書而改變了自己的人生。從那時起，馬登就夢想著有朝一日自己也能寫出同樣激勵人心的作品，給更多像自己一樣走投無路的年輕人提供幫助。現在，時機已經成熟。馬登奮鬥了

PREFACE

四十年，經歷過最暗無天日的磨難，也品嘗過突破困境的喜悅；曾站在財富的最高處，也曾被拋到債務纏身的谷底。現在的馬登，更加了解財富與成功的奧祕。

西元 1894 年，四十六歲的馬登開始出版成功學著作，並獲得巨大成功。幾年後，美國第二十五任總統麥金利（William McKinley）這樣評價馬登：「馬登的書，對於有抱負的年輕讀者是一個巨大的鼓舞。馬登所倡導的成功原則，改變了世界各地千百萬貧苦人民的命運，使他們由一貧如洗變為百萬富翁，從無名之輩變為社會名流。我認為，沒有任何東西比馬登的書更值得推薦給每一個美國的年輕人。」

馬登的成功學著作，在美國乃至全世界引起強烈迴響，這使馬登再次擁有了巨額財富，也使他有能力將「成功學」發揚光大。西元 1897 年，馬登創辦了《成功》雜誌，發行量很快達到三十萬冊。在此後的十多年裡，這個雜誌對美國民眾產生了非常深遠的影響。1911 年，《成功》雜誌因為諸多原因而宣布倒閉。馬登再次債務纏身。又過了七年，馬登東山再起，《新成功》雜誌創刊，即使在馬登去世之後，這本雜誌仍然非常活躍。

馬登的著作，充分反映著他作為奮鬥者的風骨。

第一，其作品中每一頁都洋溢著自我肯定、自信和熱情。他深信，任何人身上都蘊含著巨大的潛能。所以，無論

你處於何種情形下，都應該不惜代價，滿懷信心地尋找可能激發你潛能的環境，去獲取更多發展的機會，以期實現財富、幸福與成功。這個觀點，毫無疑問與他的親身經歷有關。其核心在於，一個人要獲得成功，首先要肯定自己，相信自己的潛力，敢於夢想美好的生活。如果連夢想都沒有，那麼當然不可能實現夢想。

第二，馬登很注重人品和素養的培養。他收集了大量成功者的事實 —— 包括古代傳記和軼事資料，也包括現實中的人和事 —— 並把這些活生生的例子融合，生動地說明成功需要具備的一些特質，比如勤勞、節儉、真誠、包容、自我控制等。

第三，馬登對以上兩個方面進行了融合。所謂「自信」、「相信潛能」和「保持熱情」等等，基本上傾向於肯定「欲望」和「索取」，是向外拓展的；而對於「人品」和「素養」的強調，則是向內尋求精神上的磨練和滿足。在馬登之前，向外拓展的成功學往往會流於功利主義，甚至鼓勵貪婪和享樂，以及欺騙；而向內修練的成功學往往會走向空虛無用，對於人的實際需求和心理層面認知不足。馬登基本上解決了兩者之間的矛盾。大量的歷史事實證明，真正的成功者，在這兩個方面是協調發展的；馬登自己的閱歷和思考，更強化了他這方面的認知。

PREFACE

在馬登的作品裡，存在著多種對立統一的因素：主觀願望與實際能力，功利心與道德，欲望與克制，手段與修養，率真與世故等等。它們完美地融合在一起，基本上涵蓋了成功所需的各種要素。

整體看來，馬登的成功學，是崇高而務實的。其文字樸實、親切，凝聚著他真實的生命感悟。馬登的一生大起大落，每次在躍上最高處，都讓人不由自主地想到他那個卑微的起點，讓人不得不感嘆夢想和堅強的力量。

馬登曾建議讀者每天誦讀《聖經·詩篇》中的第二十三篇，其中有這樣的句子：

我就是勝利。

雖然飢餓、寒冷、疾病纏身，

但這只能讓我稍作停留。

我會微笑著說：

「苦難轉瞬即逝，

快樂即將到來。」

我是上帝的孩子，

祂為我保留著無盡的財富。

祂的就是我的 ——

健康，幸福，還有金錢。

馬登的一生都是積極向上的，他不但獲得了財富和成功，而且將其傳播出去，點亮了數以億計年輕人的生命。當代成功學家諾曼・文森・皮爾（Norman Vincent Peale）說：「我讀過馬登的所有著作，是他促使我發展了『積極思考』的人生哲學。在我看來，馬登與愛默生、梭羅、卡內基一樣，都是偉大的作家，都是積極思想的倡導者。」

第一章　誠信乃立身之本

　　誠信之人從不遮遮掩掩，並會積極地糾正自己身上的錯誤。周圍的人都毫無保留地信任他，並能原諒他身上的那些缺點和錯誤。他們之所以能成為出色的人，正是憑藉了這種行事光明磊落、待人真誠坦率的優秀品德。

　　那些信譽良好的大公司，他們的商標價值上千萬美元。有一個非常著名的商人曾經對一個年輕人說過這樣的話：「你是一個誠實的人，別人都相信你，所以他們才會把全套裝備都賒給你。他們知道，雖然你沒有錢，但是你說的每一句話都會做到。他們對你非常放心。」誠信既是商家最好的廣告，也是一種看不見的財富。

» 做真正的自己

　　很多人在進入社會之前非常誠實，可是進入社會之後，各種各樣的物質誘惑讓他們無法抵擋，所以他們就發生了相當大的變化，開始不誠實。他們開始變得虛偽、說謊。他們就像那些「豆腐渣工程」，表面看起來非常不錯，但內部卻是另外一回事。我們稱他們為「表裡不一」。

　　有很多人總是隱藏起自己的缺點，只把優點展示給別人。長期如此，他們就會變得越來越虛假。他們把最名貴的家具擺在家裡顯眼的位置，如果有客人來家裡拜訪，就能夠輕易地看見。而那些破破爛爛的家具，被他們放在裡面，根本不讓人看到。這兩種做法都是「表裡不一」的典型做法。活得不真實的人，意志會慢慢消沉下去。這是渴望成功的人士堅絕不能做的事情。

　　美國有位資深的評論家說：「當前的社會謊言遍地，越來越難見到真實。市場上大量出現冒牌商品，政客們終日以謊言粉飾太平，名人們時刻以假面具示人。」騷塞（Robert Southey）說：「人們總是在看清本質之前，就已下了結論。」盧西安（Lucian Freud）則舉了一個例子：「一座雪白優美的大理石雕塑，其內部卻填滿了垃圾，表象與真實的反差竟可以如此之大！」

當然了，在這個世界上，沒有人是完美的。我們每個人都有自己的缺陷，它們就像疤痕一樣無法掩飾。我們總想將最好的自己展示出來，給別人留下好印象，可我們的本質並不會因此發生改變。

朗費羅（Henry Longfellow）認為世間最恐怖的莫過於那些表面良善、內心惡毒的人。正如修道院的門窗玻璃上所畫的畫，裡面畫著維納斯，外面畫著聖母瑪利亞。國外一名學者在提到一位表裡不一的蘇格蘭人時，說：「他一邊唱著『為表我的誠意，我願將全世界奉上』，一邊卻握緊了錢包，一個銅板也不願拿出來投進捐款箱中。」

曾有人說：「有個商人，因為生意繁忙，所以每次要做禮拜時，他就會在櫃檯上擺一本聖經，製造出虔誠的假象。這類人有很多很多，例如不少享有盛名的人，實際上卻是道德敗壞的沽名釣譽之徒。就連植物也經常以假象欺騙人們，佛羅里達美麗出眾的玫瑰，竟散發不出半點香氣，漂亮的天堂鳥竟不識鳴唱，聞名遐邇的希臘柏樹根本不會結果。」

阿諾德（Benedict Arnold）以撰寫英雄故事聞名於世，但他自己卻與英雄有著天壤之別。一面宣揚愛國，一面密謀叛國，這就是阿諾德的真面目。人們起初被他的故事蒙蔽了，為故事主角強烈的愛國之心深深動容。直到後來，阿諾德欲

向英國出賣祖國的行徑被人揭露出來，他的讀者們才終於恍然大悟。

李文斯頓（David Livingstone）博士來到非洲，發現有些部落的人從來不知鏡子為何物。生平第一次看到鏡中的自己，這些人全都大吃一驚：「這個醜陋的傢伙是誰？」、「這個人就是我嗎？為什麼跟其他人一點也不像？」、「噢，怎麼會有這麼奇怪的鼻子？」他們從未發現過真相，忽有一日，真相擺在面前時，便覺得難以置信。

有人說，一個能勸服陪審團相信被告無罪的律師無所不能。要做到這一點，律師首先要說服自己相信被告無罪，如若不然，隨時隨地都有可能露出心虛的破綻。說謊絕非易事，稍有不慎便會被人看穿。一名瑞典科學家對神學家史威登堡（Emanuel Swedenborg）說：「對於某些觀點，有些人自己都不相信，卻千方百計地試圖說服別人相信，其結果如何不言而喻。」

別人對我們的評價到底是怎樣的？對此，很多人都很好奇，可是真相一旦揭露出來，我們當中的大部分人，都會為別人對自己的評價感到異常的吃驚與失望。別人的否定與批評，在我們看來難以接受。可實際上，這只是正常現象，就算我們自己也經常在心底深處暗自評價別人。我們會努力改正自己的不足，以求為別人留下好印象。可是，真正的我們

是什麼樣子的，只有自己才最清楚。

人的一生，都會與自己的聲譽日夜相伴。聲譽並非一成不變，在人生不同的階段，其聲譽亦會有所不同。聲譽與一個人的素養密不可分，國外專家曾說：「一個人的涵養是其聲譽的決定性因素。」

為什麼要一直戴著虛偽的面具呢？把它扔掉不行嗎？過一種恬淡、自然、率真的生活多好啊！用真實的態度來生活，人就能夠活得更加充實。戴著虛偽的面具，過著一種騙人騙己的生活，最後又能得到什麼呢？要有勇氣把真實的自我展現出來。別人的看法並不重要，最重要的是自己過得幸福。那些買不起的東西，為什麼非要買呢？

「哲學家的標準」，是指完全按照真相進行最客觀的評價。這個標準對於自我評價同樣適用。很多人不能夠正確認識自己，過分高估自己的能力，以致招到別人的恥笑，甚至惹出更大的麻煩。在這一點上，英國人就做得很好，要知道，真實的才是最好的。

克倫威爾請人為自己畫肖像時，提出了這樣的要求：「一定要畫出最真實的那個我，不要迴避我的缺陷，否則，我不會把酬勞給你。」

愛默生說：「任何謊言都會留下破綻，被拆穿是遲早的事。」再天衣無縫的謊言，也終有被拆穿的一天。每天戴著

假面具生活在謊言中，是多麼辛苦的一件事啊！世上有哪個人不希望真誠待人，同時被人以誠相待呢？事實上，每個人畢生都行走在追求真實的道路上，儘管這條路上遍布著謊言與假象。然而，這就如同恆星與行星之間的對比，追本溯源，行星的光輝不過只是假象，恆星的光輝才是永恆的。

優秀的品德在追求成功的道路上至關重要。一個積極、樂觀、誠實、勤奮的人，即使出身低微，也不會妨礙他走向成功。出眾的品行會為一個人帶來良好的聲譽，進而贏得人們的尊敬與信賴，這些將會對他的事業發展發揮關鍵作用。

加菲爾（James Garfield）總統在很小的時候就已經明白這樣一個道理：「要想實現自己的人生價值，首先要讓自己成為一個真正的人。」

國外學者曾說：「一個人成為了怎樣的人，要比其從事了怎樣的職業更為重要。」

盧梭說：「眾生平等，人們都承擔著一樣的使命，那就是要讓自己成為一個真正意義上的人。我不在乎自己的學生日後會從事什麼職業，我在乎的是讓他們學會生活，成為一個真正的人。在這個前提成立的基礎上，他們才能有進一步的發展，最終變成律師、軍人、牧師，或從事其他職業。每個人都有自己的責任和義務，若這些責任和義務得不到履行，就會將整個社會引向歧途。每個人都逃離不了死亡的終

點，如何在走向死亡之前實現自己的價值才是我們要考慮的重點。我們扮演的角色不斷變化，但對於一個真正的人而言，這並不重要。只要明白了人生的真諦，無論身處何時何地，都能實現自己的使命和價值。」

» 誠實是對自己負責

很久之前，一個人想買一個黑奴。他來到市場上，對一個黑奴說：「假如我把你買下，你能保證永遠忠誠於我嗎？」那個黑奴回答說：「無論你買不買我，我都會一如既往地忠誠。」誠實是生存之道，為人之本，在更深層次上，是對自己的精神世界負責。

在生活中存在著很多因為誠實而受到表揚的例子，也有很多因為不誠實而吃虧的例子。對於商人來說，這是一個特別值得注意的問題。

在哈佛大學的校門上，人們能夠看到用拉丁文刻著的「真理」這個詞，它是誠實、事實、高尚、純潔的象徵。目前籬笆已經把整個校園都圍了起來，正門上刻著這樣一段話：「那些善良正直的民族，將永遠都能夠進入真理之門。」這段話出自希伯來的詩句。的確是這樣，不誠實的人沒有出路。即使烜赫一時，但是總有一天會被淘汰。「人的心靈深

處是真理的居所。」聰明的希伯來經常把這句話掛在嘴邊上。

愛德華·海爾（Edward Hale）是一位大家熟知的作家。他說：「成為班傑明·皮爾斯（Benjamin Peirce）的學生，是我進入哈佛大學之後遇到的最幸運的事情。他教了我四年時間。在這四年裡，有很多事情讓我和同學們難忘。但是，要說最難忘的，還是那一件事。有一天，皮爾斯老師想要知道我們的學習情況，就出了一道題考我們。考試結束時，有一個同學自作聰明，沒有交給老師試卷，而是把提前在家裡準備好的東西交給了老師。後來，皮爾斯教授知道了這件事情。他非常生氣，用嚴厲的口氣對我們說：『你們這樣做對嗎？這是誠實的人該做的事情嗎？你們難道不知道，誠實是人最基本的品行嗎？』在場的每一個人都被他聲音中流露出來的正氣給震懾住了。從此之後，我們明白了一個道理：學習是通向真理的道路。雖然這條路荊棘密布，崎嶇難行，但是真理總會被那些堅持不懈的人發現。撒謊、弄虛作假都是非常可恥的行為，如果想要探尋到真理，就要堅決杜絕這類行為。」

美國一個非常有名的政治家給他的兒子寫了一封信。在信中，他這樣寫道：「誠實、正直、真理是密不可分的整體，懦弱、卑微、奢侈是謊言的溫床。再聰明的狐狸，也有露出尾巴的一天，謊言終究是會被人識破的。撒謊非但不會帶來

好處，反而還會害了自己。」

在閱讀《西部》雜誌時，我讀到了下面這個故事：「有一個人坐火車出門。他擠上火車，找到自己的座位坐下來。這個時候，他身邊的座位還是空的。於是，他就把隨身攜帶的行李放到了那個空座位上。一會兒，乘客們陸續上車，車廂裡擠滿了人。一位男士看到他身邊的座位是空的，就非常客氣地問他，那個座位上是否有人。他回答說：『那個座位上有人。他把東西放下後就去吸菸了，吸完菸之後就會回來吧！』那位男士不太相信他的話，就說：『原來是這樣啊！那我就先坐下來休息一會兒，等他回來我再把座位還給他。』說著，他就把座位上的行李提起來，然後放到地上。撒謊的人看到自己的東西被放到了地上，非常生氣，可是他既然說過那些行李是別人的，也就無法向那個人發火。過了一段時間之後，火車上的擴音器告訴乘客們，火車即將到站，請下車的乘客做好準備。那個人就要下車了，所以就開始收拾行李。那位男士對他說：『先生，對不起，這些行李不是你的，你不能隨便拿！』『誰說不是我的？』『剛才你不是說，行李的主人去吸菸了嗎？』那個撒謊的人聽完，怒不可遏地大聲喊叫起來，但他還是無法拿走他的行李。這時候，列車乘務員走了過來，他了解事情的原委後，對那個撒謊的乘客說：『我看這樣辦吧。我先把這些行李保管起來，如果

明天還沒有人來領取，那麼就說明是你的了，你就可以把它拿走。』車廂裡的乘客都知道事情的真相，聽到乘務員這樣說，都笑了起來。那個撒謊的人被人嘲笑了一番，但也只好空著兩手下車。直到第二天，他才取回了他的行李。這就是撒謊的人遭到的懲罰。」

國外一位學者曾說：「先哲們曾經這樣說過，一個人如果撒了一次謊，他就會不停地撒謊來保證這個謊言不會別人揭穿。在謊言被揭穿之前，他會犯更多的錯誤，而且所犯的錯誤會越來越嚴重。這還不是最可怕的事情。這就好像鑽石上一個小小的瑕疵，只會讓鑽石的價值大打折扣。而一個謊言，就像是水果上面的斑點，如果任其發展，就會使得整個水果都爛掉。人們一旦開始撒謊，那麼以後將會撒更多的謊。」

在南北戰爭期間，一個農民的兒子不小心聽到了羅伯特・李（Robert Lee）將軍的軍事部署。羅伯特・李將軍原來打算向蓋茲堡進軍，後來因為受到一些因素的影響，改向哈里斯堡進軍。小男孩馬上發了一份電報給州長柯廷（Andrew Curtin），把羅伯特・李將軍的軍事動向報告給了州長大人。州長覺得一個小孩子的話不足為信，就非常輕蔑地說：「這麼重要的消息，一個小孩子怎麼會知道呢？」這時，一個下士說：「州長大人，我非常了解這個孩子，他非常正直，從

不說謊，所以請您相信他吧！」州長最終相信了那個小孩的話，取得了一場大勝。

南方一家報紙曾經報導過這樣一件事。聯邦軍隊圍困維克斯堡的時候，上級向一位陸軍上校下達命令，要求他仔細防範，保證城裡的棉花不被偷走。幾天之後，一家北方棉花廠的代表以五千美元作為回報，請求上校不要徵收他們的棉花。上校非常生氣，狠狠地罵道：「你們這是在賄賂我嗎？我可不吃那一套。趁現在我沒發火，趕緊離開，否則我可要不客氣了。」幾天之後，又有人找到他，提出想要棉花，並答應給他一萬美元作為酬勞。上校像上次那樣，毫不猶豫地就把來人給趕走了。可是，沒有多久，又有人來找他，而且來人準備花兩萬五千美元來賄賂他。面對著巨大的誘惑，上校有些動搖，但是他仍然沒有接受。為了保證自己不被巨大的利益誘惑，上校找到司令，說：「遵守命令是我的本分。但是，太多的誘惑擺在我的面前，讓我的內心開始動搖。為了抵擋越來越大的誘惑，我請求辭職。」人往往無法禁得起金錢的誘惑，因此，他使用辭職的方法來保持自己的高尚品德。

喬治三世派出使臣去拜訪約瑟夫・李德（Joseph Reed）。使臣向李德允諾道：「假如李德先生可以化解英國與殖民地之間的矛盾，為此次戰爭畫上句號，我們將會支付一萬畿尼

的酬勞給您。」

對此，約瑟夫‧李德竟嗤之以鼻，他說：「這樣高價收買我，我可受不起！不過，若是你們真有收買我的誠意，只怕我開出的價碼會嚇到你們尊貴的國王！」

林肯當律師的時候，他的客戶對他充滿了信心。那些人都知道，只有自己是清白的，林肯就一定會竭盡所能，幫自己打贏官司。但是，如果自己並不是清白的，那麼就算出再多的錢，林肯也不會幫忙。林肯會這樣回覆那些人：「或許出庭為你辯護對我來說並不是一件非常困難的事情，但是我不會那樣做，因為你並不是清白的。只要我還是林肯，我就無法欺騙自己的良心。」

誠實是一項非常重要的品格，在生活中的很多方面都有所體現。這就好像我們的社會，既離不開最基本的生活設施，同時也需要政治秩序、經濟秩序、社會秩序、文化秩序作為保障，只有這樣，人類才能夠過上更加幸福的生活。每個人都是社會的一分子，不可能獨立地生活下去，因此，人類只能互幫互助，共同發展。

曾有人說過這樣的話：「朋友是一面可以照出我們自身品德的鏡子，而只有那些品德如水晶般晶瑩、泉水般清澈的鏡子，才能還原出真相。所以，朋友之間應該真摯坦誠，切忌陰謀陷害或者阿諛奉承，這些都不是君子該有的行為。

一個人是否誠實，應該用什麼方法來測試呢？其實，可以用各種各樣的方法來測試，但是如果想得到最準確的答案，就要使用最極端的方法 —— 看他如何對待已經沒有法律效力的債務。如果他能夠盡力償還，那麼毫無疑問，他必然是一個誠實的人。

誠信是一個人安身立命之本，在商業活動中，誠信的作用更為突出。可是，在實際的商業活動中，卻有很多人用鑽法律漏洞的辦法來謀取不義之財。雖然他們能夠用這個方法獲得一些財物，但是他們的良心會感到不安。與這類人形成鮮明對比的是這樣的人：他們欠下的債務已經不用償還，但是他們仍然盡最大的努力還清債務。著名牧師約翰・霍爾（John Hall）的兒子博爾頓・霍爾（Bolton Hall）是一個法官，他欠下了一筆一萬兩千美元的債務。按照法律規定，他可以不用還這筆錢，可是，他的良心不允許他這樣做，因此他還清了這筆錢。

波士頓的一個牧師說：「有一個貧窮的義大利人在上學的路上，意外地發現了一枚價值二點五美元的金幣。當時，他身邊沒有別人，如果他把那枚金錢放入自己的錢袋，別人也不會知道。可是，他並沒有這樣做。他用紙把那枚金幣包了起來，放在路邊的一個顯眼的位置。很快，金幣就物歸原主。這是一件微不足道的事情，但是就是這件小事，讓那個

義大利人贏得了別人的尊重，大家都知道他是一個誠實的人，因此也就願意與他交往。」誠實可以贏得別人的尊重，誠實的人可以獲得更多的朋友。不過，誠實的品德需要很長的時間才能夠形成。

　　正直是非常優秀的品格，也是成功的必要條件之一。有很多人的財富被芝加哥的大火徹底燒光，但是他們並沒有一蹶不振，而是迅速地崛起，有的人還取得了更加輝煌的成就，這該做何解釋？原因其實非常簡單，他們都是誠實的人，都信守自己的諾言，不會讓他們顧客的利益受到絲毫損失。顧客對他們的信任可以讓他們迅速地崛起。大火雖然把他們的商店燒毀，但是他們的信譽卻仍然存在。

》 不要失去誠實

　　一名女士注視著牆上精美的畫，情不自禁地讚嘆起來：「真漂亮啊！幾乎完美無瑕！您瞧，那幅畫上還寫著一句箴言 —— 誠實將對您的成功大有裨益。」

　　「是啊！有件事說出來您肯定會覺得不可思議，這些畫全都是免費的！那天我買了一大堆商品，就把這些畫藏在其中蒙混過關，從歐洲帶了回來！」這些畫的擁有者洋洋得意地說道。像他這樣的人從來不會了解，只有卡萊爾（Thomas Carlyle）口中「具有誠實、正直、坦承、誠信」等品格的人，才能真正得到社會的尊重。

當伊利諾伊州的群眾正在為是否通過脫離美國聯邦的法案發生爭執時，史蒂芬·道格拉斯（Stephen Douglas）及時露面了。當時他正生著重病，連路都走不了，是被人抬到會議現場的。他勉強支撐著，寫下這樣的宣言：「無論何時何地，伊利諾人都將秉承先人誠實、忠心的高尚品格。」這個宣言為全體民眾所接受，並傳誦一時，先前愈演愈烈的脫離聯邦的輿論也因此被打壓下去。美國人民最終達成一致，完成了統一。

喬治·瓊斯（George Jones）說過：「即便面前有天大的誘惑，我也不會妥協！」

在坦慕尼醜聞事件中，喬治受人威脅，被禁止在《紐約時報》上發表任何相關訊息。這些人允諾事成之後，他可以得到一百萬美元的酬勞。

當時，喬治·瓊斯手中握有「特威德集團侵吞巨額公款」的有力證據，牽涉其中的政客們為了脫罪，不惜收買其任職的《紐約時報》的老闆，以封鎖消息。但是，喬治·瓊斯並未因此妥協。也正是因為他的堅持，最終讓這起醜聞得到及時披露，所有涉案政客都沒能逃脫法律的制裁。

正直誠實的品格，讓喬治·瓊斯譽滿全球。與之形成鮮

明對比的，則是那些貪汙巨額公款的腐敗政客。儘管這些政客手中掌握著整個紐約市的控制權，其勢力範圍甚至波及全州，但在公正的法律面前，他們一樣沒有特權。

西元 1856 年的一天，林肯正在進行競選演講。臺下有個男人突然起身朝演講廳外走去，一面走一面叫囂道：「這個狂妄自大的家伙，他說的話我一個字都不相信！」但在當時的美國，實情並不是這樣的。林肯憑藉著自己公正剛直、誠實守信的高尚品格，在廣大民眾之中深受愛戴。

林肯初入法律行業時，有一位郵局的工作人員曾經上門來找他，因為他在成為律師之前是一名郵務員。這位工作人員來找他，正是因為要接管他在郵局工作時管理的一筆資金。亨利博士在得知這件事後，急忙趕了過來。他怕生活拮据的林肯已經私下挪用了那筆資金，於是打算借錢給他先還給郵局，沒想到他這一番好意卻被林肯婉拒了。林肯出去了一陣子，再回來時，手上就多了一隻殘破的口袋，裡面有十七美元六十美分，正是郵局的那筆資金。無論多麼貧困，林肯都沒有隨意動用公款，而是打算將這筆錢分文不少地還回去。

後來，林肯受邀處理一椿土地糾紛案。當事人對於三萬美元的律師費用大感為難，於是林肯主動向他提供幫助。他來到銀行，提出要借用三萬美元，兩小時後歸還。銀行方面

馬上答應了他的請求，甚至沒有要求他填寫一張單據。其原因只有一個，那就是林肯誠實高尚的品格，值得所有人給予他充分的信任。

在伊利諾州的史普林菲爾德市，有一位跟林肯分屬不同黨派的律師。這位律師曾經這樣客觀地評價林肯說：「林肯永遠站在正義的一方，他絕對不會接那些他沒把握的案件，一旦他決定接手，便證明他對這起案子有必勝的把握。對於這一點，檢察官和陪審團也已達成共識。」

曾有一位當事人透過弄虛作假，歪曲事實，讓林肯做了自己的辯護律師。結果真相被拆穿時，林肯選擇了中途退出。後來，當事人聘請了另外一位律師打贏了這場官司。律師想將九百美元的律師費用中，本應屬於林肯的那部分交還給他，卻遭到了林肯的拒絕，理由是他絕不允許自己的人格遭到謊言的玷汙。

林肯的前半生從事過多種職業，比如，他曾在商店裡做過店員。有一次，他受老闆之命，去把一筆錢交還給一位女士。那位女士的居住地離商店很遠，約有六英里，而且當時天色已晚。但是，這一切並沒有成為林肯推脫的藉口，他當下就出發，在黑夜中行走多時，終於把錢交到了女士手中。「言必信，行必果。」林肯正是以自己的實際行動贏得了周圍所有人的信賴與肯定。

　　參加總統競選之前，林肯接到了一份電報，大致內容是說，他一定要獲得兩個對手的選票才能被提名為候選人；除非他肯答應在日後的內閣中為這兩個對手保留一席之位，否則這兩張選票便會落入他人之手。對此，林肯隨即給出了這樣的回覆：「我絕不會答應任何人的不合理要求，請趁早打消這個念頭！」競選成功固然是他所渴求的，但他斷然拒絕為此犧牲自己的原則。

　　美國曾經有一名被告人來到律師的辦公室裡，說道：「律師先生，今天有人派人帶了一張借據來向我討債，因為我在波士頓時曾跟那人借了六十美元。您能不能幫我想個法子拖延一段時間，等我湊夠了錢再還給那個人？因為現在我手頭上實在沒有那麼多錢！」

　　「好，沒問題。」律師答應下來。

　　為了延後還款時間，在法庭上，律師如此說道：「法官大人，對於借據上的簽名是否屬實，我們表示懷疑。」這樣一來，為了分辨借據上的簽名是真還是假，法官就必須從波士頓傳召證人作證。一來二去，便要耗費不少時間。

　　哪知這時被告人忽然失聲叫起來：「你怎麼能這麼做呢，律師？這張借據上的簽名千真萬確是我的字跡，我並不是要您在法庭上編造謊言！上帝作證，這筆錢我一定會一分不少地還回去，只不過不是現在而已！律師，我請您幫我辯護，

唯一的意圖就是希望您能透過合法途徑幫我延後一下還款時間！」

聽到這番話，法庭上的每個人都怔住了。那位律師更是窘得面紅耳赤，羞慚地退出了法庭。最終，法官批准了延期還款的申請，事情得到圓滿解決。

一位在美國紐奧良的商人，近來被一件事情困擾，寢食難安 —— 他旗下的一艘遠洋航船在預定時間內未能返航。為了防止有什麼不測，他來到保險公司，打算為這艘航船再買一份保險。

在調查清楚這艘船的現狀之後，保險公司開出了一個高得離譜的保費數額。商人自覺這個數額遠遠超出自己的承受範圍，無法接受，雙方最終不歡而散。當晚，有消息傳來：逾期未歸的航船確定已經發生意外，整條船沉入海底，船上人員無一倖免。收到這個消息後，他沒有任何反應，只說了一句：「天意弄人！」

翌日，他又來到了保險公司，對工作人員說道：「那艘船已經沉沒了，我再也不必跟你們商量它的保險問題了。」聽了這話，工作人員當即說道：「先生，我想有件事要向您說明！」說著，便疾步奔出去，拿回一份簽署完畢的保單。商人看清楚這正是昨天那張未能與他們談妥的保單，不禁大吃一驚。工作人員解釋道：「昨晚送您離開以後，我們最終

決定接受您開出的保費金額，並簽署了這份保單。請您儘管放心，我們一定會履行保單上的義務，向您作出相應的賠償。」

商人聽到這裡，幾乎無法相信自己的耳朵，心裡對他們充滿了信任和感激，心想以後一定會大力支持他們的工作。後來，保險公司果然沒有食言，他們依據保單上規定的金額，對商人作出了相應的賠償。

漢莫德‧吐姆布是大作家馬克‧吐溫筆下的人物。馬克‧吐溫這樣寫道：「誠實這種高尚的品格，只有漢莫德‧吐姆布才具備！那時候，南方一位女士的生活陷入窘境，無力支撐，遂寫信給漢莫德‧吐姆布，欲以一百美元的價格轉讓一本印度語聖經給他。漢莫德‧吐姆布回信給她，說這本書要是保存得很好的話，其價值可以高達一千美元。那位女士最終用她完好無缺的聖經交換了漢莫德‧吐姆布的一千美元。這本開價一百美元的書，最後卻以十倍的價錢成交！除了漢莫德‧吐姆布，誰人能有如此高尚的品格？」

當一個企業的老闆向銀行家貸款時，當一個人讓股票經紀人為他購買股票時，無論是銀行家還是股票經紀人，都會對他們的雇主進行考察，確定他們的雇主是什麼樣的人。在充分地了解雇主的工作、人品、信用等內容之後，他們才會決定是否為他們的雇主服務。每一個銀行家，在把錢貸給別

人之前，總是會這樣問自己：「他是否誠實可靠？」、「他的信用度好嗎，以前是否有過不良記錄？」、「他懂得經營嗎？」、「他是一個努力工作的人嗎？」、「他遇到突發情況時，能夠保持冷靜嗎？」人們無論如何也是不會幫助那些沒有信用的人的。商人們都十分清楚，那些讓人放心的人，都是懂得珍惜時間，生活簡樸，注重自己健康的人。

對於年輕人來說，信用非常重要。在商業活動中，人們總是欣賞那些遇事冷靜、能夠客觀公平地對待別人的人。如果一個人不能很好地規劃自己財富，而且還有賭博等各種惡習，那麼他又怎麼能夠獲得別人的信任呢？

剛走入社會的年輕人，絕對不要妄想依靠弄虛作假、投機取巧獲取成功。想要得到，先得付出。想要得到多少，就要為之付出多少。誠實做人、誠實做事，方能迎來成功的曙光。

» 言必信，行必果

在古老的印第安部落，曾生活著兩個分別叫沃特加和迪恩的年輕人，他們都很勇敢。在一次夏日舞會中，他們倆同時愛上一位美麗的女孩，並因此發生激烈衝突，使得迪恩在決鬥中喪生。沃特加因殺人罪而被依法判處死刑，執行日期

就定在那一年的八月。根據這個古老部族的習俗，死刑犯只要發誓如期歸來接受刑罰，便可獲得假釋的機會，無需任何擔保。

沃特加完全可以趁機逃走，他犯下殺人罪只是出於一時衝動，但他不願意違背誓言。他在假釋期間結婚了，娶的正是那位他為之決鬥並賠上性命的女孩。他在將自己的妻子安置妥當以後，於行刑當日從容赴死。

但一場極為重要的體育賽事挽回了他的生命。他被放出來代表那個部落參賽，因為只有擁有了他這位出色的運動員，他們才有可能取得比賽的勝利。從那時直到次年六月比賽結束，他為部落增光添彩的同時，他的行刑日期也終於到來。他如約前往法庭，那是一個陽光明媚的周日，他打扮得十分整潔。

旁觀者事後這樣追憶當時的情景：「沃特加按時到達了刑場，他的步伐十分鎮定從容。一切都已準備好，他在人們的圍觀下被反綁雙手押送到指定位置。隨後，他的眼睛被黑布蒙住，一位出色的劊子手執行了行刑的命令，結束了這個崇高勇敢的生命，他的鮮血染紅了腳下的土地。」

威靈頓公爵曾在國會致辭：「剛去世的羅伯特‧皮爾（Robert Peel）爵士是一位道德高尚、值得信賴的人，我與他共事多年，他是我見過的最剛正不阿之人，我們都應向他致

敬。」對於一個國家來說，擁有偉大的人物及偉大的品格才是最可貴的。夏多布里昂（François-René de Chateaubriand）認為他的人生之所以能更加光明，正是因為與華盛頓的一面之緣。傑佛遜也曾評價華盛頓：「他深得人們信賴，人們都願意讓他領導一個國家。」林肯的競爭對手史蒂芬·道格拉斯都承認，他是一個能令身邊的人感覺輕鬆、愜意的人，他真的是一位傑出的人物。

還有更加匪夷所思的真實故事。一名摩爾人在花園中漫步時，忽然闖入一名西班牙騎士。騎士稱自己殺害了一名摩爾人，因此被人追殺，懇請得到幫助。摩爾人答應了他的請求，並讓他暫時躲避在花房裡。到了夜裡，摩爾人來到花房，對這名騎士說道：「你所殺的正是我的獨子，可是我不會因此而殺你，因為我答應過要保護你。」說著，他向自己的仇人送上一頭騾子，說：「你騎上這匹騾子逃命去吧，趁著現在天還沒有亮！我一定要信守自己的諾言，想必上帝也會體諒我的選擇。」

擁有言而有信這種崇高品格的人，還有美國麻州保守黨的一員 —— 迪克·約翰遜。他曾在獨立戰爭期間，被指控犯有叛國罪而被判處死刑。但在行刑前他仍享有行動自由，可以正常處理工作。他的這種自由，是透過向法官作出承諾換來的。他在行刑當日隻身赴約。在麻州春田市的另一邊，就

是即將了結他生命的刑場。麻州議會的一位議員在最後關頭衝入刑場，奮力將他從絞索中解救出來。因為這位議員心裡清楚，他絕不是那種會出賣自己國家的人。

關於一名古迦太基戰俘的古老傳說也是如此。敵國派他回羅馬傳達他們尋求和解的意願，但他卻建議羅馬行政官抗戰到底、拒絕和談。當這位行政官問他打算怎麼辦的時候，他回答道：「你一定要拒絕和談。而我必須回去，我答應了他們的，要言而有信。」

愛默生曾說過這樣的話：「一個國家的人口數量、富饒程度及城市規模並不是衡量其文明程度的標準，只有國民的道德標準及素養才能真實地反映出這個國家的情形。」神聖之人始終嚴格履行自己的承諾，在這過程中，他收穫到的持久性將勝過美名，敏捷性將勝過天才，重要程度將勝過財富、偉大地位將勝過一切成就及智慧。

》 打動人心的力量

「孩子，出發吧，上帝會保佑你的。」母親對兒子說道。接著，她將四十個銀幣交給兒子，並要求他立誓在任何情況下都不能說謊。

「再見了，孩子。也許有朝一日因為上帝垂憐，我們母子會再重逢的。」這就是母親對兒子說的最後一句話。

少年謹記這幾句話，離開了家，去尋找自己的新天地。有一天，他在路上遇到了一幫搶匪。

「你把錢藏在哪裡了？」一個搶匪問。

少年坦誠地答道：「在我的衣服裡，媽媽將四十枚銀幣都縫在了裡面。」

搶匪譏諷地笑起來，世上哪有這樣誠實的傻瓜？他們壓根就不相信他的話，另有一個搶匪兇巴巴地叫道：「別耍花招！快點交代，你的錢究竟藏到哪裡去了？」

少年又老老實實地回答了一遍：「我的四十枚銀幣都被媽媽縫在衣服裡了。」

面對兇悍的搶匪，試問哪個人會如此輕易地將真話講出來？所以，這一次，依舊沒有一個搶匪選擇相信他。

搶匪的首領終於察覺到了什麼，發話道：「過來，孩子！把真相告訴我，你究竟帶多少錢在身上？」

「我都說了兩遍了！」少年答道，「我所有的銀幣媽媽都縫在衣服裡了。可是，你們沒有一個人願意相信我的話！」

搶匪的首領於是吩咐手下：「搜搜他的衣服！」

四十枚銀幣果然從他的衣服裡搜出來，數目一個不差。

「孩子，為什麼你要對我們這樣坦白？」首領覺得很不理解。

少年答道：「母親曾叫我立下誓言，無論如何都不能說謊！我絕不能背棄自己的誓言！」

首領被他鏗鏘有力的回答震撼了：「真想不到你小小年紀竟能有如此堅定的信念！反觀我，活了這麼一把年紀，竟然連一個孩子都不如！唉，我今日真是顏面無存！孩子，來，請你握住我的手，我也要立下誓言，從此改過自新！」

聽到首領這番話，其他搶匪無不為之動容。一個搶匪說道：「首領，不管您作出怎樣的選擇，我們都會追隨您！過去，只要您一聲令下，我們便可以殺人放火，無惡不作！如今，您立誓改過自新，重新開始，我們也必將緊跟您的腳步，聽從您的安排！」隨即，這名搶匪也效仿自己的首領，拉著少年的手立下誓言。其餘搶匪也紛紛照做，無一例外。

永遠不要忽視誠實的影響力，世間任何人都抗拒不了這種偉大的力量，哪怕它僅僅來源於一個幼小的孩子。

這個故事並不像傳說那般**轟轟**烈烈，但誠實的力量究竟有多大，相信每個讀者都已深有體會。

「別碰那些信紙！」約翰·亞當斯（John Adams）總統叫道。

這個時候，他的兒子正打算取下文件架上的公務信紙寫信，聽到他的叫聲不禁愣住了。

「孩子，你想拿的那些信紙不是我們的，它們是政府的財物，你沒有權力將它們用在私人用途方面。如果你確實有需要的話，我的文具就放在那張桌子上。」亞當斯總統接著說，這類行為對他而言早就習以為常了。這位素以準時、誠懇、準確著稱的總統，無時無刻不忘約束自己和身邊的人。

一個男孩到美國底特律的一家雜貨店面試。老闆對他說：「要是我聘用你，對於我的一切要求，不管是合理的還是不合理的，你都會毫不遲疑地答應嗎？」

「我會的，先生！」男孩恭恭敬敬地答道。

「如果我要你欺騙顧客，把一些品質不好的白糖硬說成是最好的，你會照做嗎？」

「我一定會的，先生！」男孩想也不想就回答道。

「如果我要你把摻了大豆的咖啡說成是純咖啡，你也會照做嗎？」

「當然！」

「如果我要你把存了一個月的奶油說成是最新鮮的奶油，你也不會抗拒嗎？」

「是的，我絕不會抗拒！」男孩答道。

　　雜貨店老闆忽然緊張起來，他心急地問：「那你想要我付給你多少薪水？」

　　「每星期一百美元！」男孩說出這個驚人的數字以後，依然鎮定自若，那種氣場簡直跟一個久經商場的老手沒有任何區別。

　　雜貨店老闆險些吃驚得摔到地板上，他難以置信地反問道：「每星期一百美元？」

　　「這只是第一周的數目，往後每星期還要不斷增加！」男孩冷冰冰地說道，「既然您的本意是要雇一個說謊高手，那就必須為之付出相應的高昂薪水。當然，如果您能收回這些要求，只是想雇一個普通店員的話，那麼你每個星期只要支付我三美元的薪水就足夠了！」

　　最終，男孩以自己的智慧和誠實的品格說服了雜貨店老闆，為自己贏得了這份工作。當然，每週的薪水是三美元。

　　不管你是白髮蒼蒼的老人還是黃毛小孩，只要你與人坦誠相見，人們就會尊重你，因為你身上具有令人喜愛的品德。我們越是想方設法遮掩自己的缺點，越容易招致他人的厭惡。明白這一道理的人，行事總是光明磊落、毫不遮掩。這些人具備真誠、坦率的品德，使得周圍的人都能被他感染，變得充滿自信、富有愛心，他們通常都十分慷慨且心胸寬廣。

» 誠實才能獲得信任

　　人們看到那些行事鬼鬼祟祟的人，都會心生厭惡及疑慮，因為他們的舉動讓人感覺他們是在故意掩飾。人們在了解他們的為人後，絕不會再相信他們，這些人是無法取信於人的。和這種人在一起時，我們總感覺自己是在黑暗中摸索前進。儘管他們偶爾會令人感覺到很親切隨和，但與之相處會使人始終處於一種坐立難安的狀態中。我們總是毫無原因地害怕他們，心裡總感到隱隱的不安。我們在和這樣的人相處時，總擔心自己會突然落入一個陷阱中，我們因此而焦慮不安，甚至感到十分痛苦。這種人其實未必不能融洽相處，但前提是我們必須完全放下心中的疑慮，這一點一般人都難以做到。他們神祕的舉止讓人無法對他們產生信任，當他們舉止謙和、優雅時，我們會下意識地懷疑他們是另有所圖。這種人的本質是我們無法看清的，因為他們的這種性格令人無法相信他們。

　　那些心胸寬廣、坦誠、直率的人，和之前提到的那類人截然相反。他們行事從不遮遮掩掩，並會積極糾正自己身上的錯誤。周圍的人都毫無保留地信任他，並能原諒他身上的那些缺點及錯誤。最終他們之所以能成為最出色的人，正是憑藉了這種行事光明磊落、待人真誠坦率的優秀品德。

　　作為一名誠實的生意人，某位老闆一直堅持認為：商家有義務讓顧客了解商品的全部，為牟取暴利而欺騙顧客是極不道德的行為，情節嚴重者可以將其裁定為一種不可饒恕的罪行。在他經營的公司裡，絕對禁止出現欺騙顧客的行為；即便商品出現某種缺陷的機率極小，店員也必須讓顧客在購買之前，對其進行充分的了解。一天，他親自去查看新商品的銷售業績。公司旗下的一名推銷員說，該商品的設計存在某些缺陷，推銷員取過樣品，正想詳細向他介紹一番，只見一名大客戶走進門來，「我要的貨現在有了嗎？」客戶問道。推銷員答道：「您要的貨我們剛剛研究出來！」說著，推銷員便把手裡的樣品遞給了客戶，並對該商品的種種優異性能極盡溢美之詞，可是對商品設計的瑕疵卻絕口不提。客戶被推銷員的話打動了，旋即就要求訂貨。在此之前，該老闆始終沉默不語，直到這時才終於發話道：「請等一下，先生！我想，您先將樣品查看清楚再做決定也不遲！」隨即，年輕的推銷員就被解雇了。也正因為如此，人們都相信這家公司，生意因此也越做越大。

　　當然了，還有一些商人的做法與上述的做法相反。一位女士在一家商店逛了很久，最後空著手離開。商店老闆看到這樣的情形，便責備自己的店員說：「你是怎麼賣貨的？居然白白放走一個客戶！」店員答道：「老闆，店裡的貨物跟

那位顧客的要求有些出入。」老闆說：「這有什麼問題，只要我們賣給她的商品能用不就行了？」店員說道：「但是我們的商品並不能滿足那位顧客的全部需求啊！」老闆急了，罵道：「這家店到底誰是老闆？你一個店員，拿了我的薪水就要幫我做事，叫你做什麼你就做什麼，哪來這麼多意見？」店員雖然年紀輕輕，但並不為老闆的氣勢所懾，他說：「老闆，我不會為了保住工作而違背自己的原則欺騙顧客！既然我的所作所為不能滿足您的要求，我會主動辭職！」離開這家商店後，這名店員依靠自己誠實的品格，最終成為一名成功的生意人，深受顧客信賴。

一個人在日常生活中的表現，會直接影響到他在別人心目中的形象。成功絕不會屬於那些連起碼的尊嚴都難以維持的人。只有那些有真本事的人才能樹立恆久的聲譽。靠投機取巧得到的虛假聲譽，遲早會被人揭穿。在真相被揭露之前，這些弄虛作假的人往往也無法安心享受這份本不該屬於他們的榮譽。只有完全借助自己的力量獲得的聲譽，才能真正叫人問心無愧。

要評估一個人的品格，只要看他的工作成果就足夠了。一個做事認真負責，值得人們信賴的人，絕不會用錯誤百出的工作成果來糊弄人。作家艾略特（George Eliot）曾描寫過這樣兩個人物：一個是名叫聞希的投機商人，他原本是一位

正當的商人，後因禁不住小舅子的蠱惑，購進一批劣質染料染布。事發之後，後果可想而知，他的生意一落千丈，再無翻身之日。一個名叫皮特的年輕人則與他截然相反，皮特做事小心謹慎且誠實守信，順理成章地獲得了成功。

人們不管做什麼工作，首要前提是要對得起天地良心。以別人的痛苦為代價取得的成功，不要也罷。因為從事一份完全違背自己道德觀的工作，勢必會讓你飽受良心的折磨。你在這份工作中失去的，是再多的物質金錢都補償不來的。

不錯，弄虛作假是可以在短時間內獲得一般人難以企及的報酬，收穫無數讚美與粉絲。可是沒有人能弄虛作假一輩子，一旦他們的謊言被拆穿，聲譽便會迅速由高峰跌倒谷底，永無翻身之日。

人們要想培養高尚的品格，就一定要做到腳踏實地，不管做什麼事都不能違背自己的道德觀。否則，人們的勇氣會被削減，能力會被壓制，聲譽也將一天天衰落下去。

怎樣才算真正的成功者，是家財萬貫，還是功成名就？不錯，這些是會給人們帶來很高的社會地位，贏得良好的聲譽，但這些並不是衡量一個人成功與否的真正標準。只有當人們的道德修養達到至高境界，能夠最大限度地將自己的智慧與能力發揮出來時，才能算是取得了真正的成功。這樣的人已經抵達了人生的最高峰，即使他們並沒有作出震古鑠今

的偉大事業，沒有成為家喻戶曉的名人，也不妨礙他們成為真正意義上的成功者。

成功總是青睞於那些腳踏實地、勤奮努力的人。那些習慣投機取巧、弄虛作假的人，終將一敗塗地。一個富家子弟，本身才智平庸，卻因為父親的關係在公司中坐上高位。假如他稍有一點自知之明，了解這個職位本該屬於一個有能力、有經驗的人，就會因此感到羞恥，完全不能在公司中立足。

生活在這個社會中，人人都需要接受大眾的評判。要想贏得良好的口碑，必須要踏踏實實、勤免誠懇、憑自己的真本事做好本職工作，而不能依靠弄虛作假。這一點說起來容易，做起來難。有的人一天到晚都在做些無聊的事，任由自己的時間白白浪費掉；還有的人終日沉迷於酒色之中，除了享樂，無所事事。這些人將自己的才能與精力全都白白糟蹋了，他們就像寄生蟲一樣生存在這個社會中。

不依靠弄虛作假，而是憑自己的真本事得到的成果，會令人非常珍惜，因為它來之不易。面對自己奮鬥多時，好不容易才取得的職位，任何人都會謹慎小心，唯恐自己的工作會出現半點差錯。若是一個人靠關係才坐到了當前的職位上，感受便完全不同了。他很清楚自己的能力根本達不到這個職位的要求，因而對自己日後的發展完全不知所措。唯有

能力強的人坐在高位上才有底氣。

　　有一位住在南達科他州黑山區的謙卑的礦工，得到小鎮人民的一致稱讚。當地人都對他充滿了喜愛及敬佩之情，即使他並不是一個多有學問的人。關於他，有位工人這樣說道：「他是那種一見到就令人忍不住會喜歡的類型。」這位工人解釋了原因：「他是個真正的漢子，不但誠實可靠，並且心地善良，任何時候他都會對那些需要幫助的老人及小孩伸出援助之手。」

　　在他所在的地方，還有很多與他一樣懷抱淘金夢想的年輕人，不過，他們雖然聰明、勇敢又能幹，但是他們都達不到這樣好的名聲。當地人將這位礦工看作是真善美的化身，他們發自內心親暱地將他稱作「親愛的艾克」，無論何時何地都是如此，這對任何人來說都是一件值得驕傲的事情。儘管人們不知道他的全名，但透過善良的行為所贏得的美譽，猶如一座無字的豐碑樹立在人們的心中。

　　後來，這位礦工憑藉誠實而友善的性格得到大家的信任和一致擁戴，當上了小鎮的鎮長，並成為市議會的一員。人們都對他敬愛有加，即使他講話並不高雅，也絲毫無損他在人們心目中的形象。

» 誠信是最好的廣告

誠信在商業活動中尤為重要。如果雙方想要順利地合作，那麼雙方都必須以誠待人，不欺騙對方。一位名人曾說過，那些不誠實的人毫無信譽可言，所以不要輕易與他們打交道。當彼此之間不能敞開胸懷，以誠相待，那麼合作也將步履艱難。也許有人能夠靠不誠實的行為獲得利益，但那並不是長久之計，因為終有一天，真相會大白於天下。

前不久，我在一次聚會中遇到一位布料商，他向人吹噓自己正忙於將一匹匹的布裁成小塊，累得不行。我仔細聽了他們的談話，原來他曾在廣告中宣傳買零碎布料比買整匹布料實惠，人們受到這則廣告的鼓動，而爭相購買零碎布料。這種行為十分可笑，因為人們一旦發現上當，就不會再光顧這家店了。

國外一位企業家說：「我和一位商人見面後進行了一次談話。他非常精明，善於算計，為了謀求更多的利益，不惜使用不正當的手段。他覺得，利用對方無知來賺錢，是一件很正常的事情，根本不算騙人。我覺得他的觀點非常荒謬。難道對方比我們知道得少，就理所應當上當受騙嗎？」在商業活動中，只顧著自己賺錢，而置對方於不顧，甚至讓對方遭受損失，這是無論如何也不行的。

　　據說，一位著名商人剛開始做生意就賺了不少錢。他認為，自己賺的每一分錢都是憑良心賺來的，從來沒有賺過黑心錢。為此，他還專門舉著帳本向上帝發誓。只有誠實地對待你的顧客，你的生意才能夠一直維持下去。在交易的時候，公平尤為重要。只有雙方都有利可圖時，合作才能進行下去。這個道理很多著名的商業人士都心知肚明。在與別人合作時，一定要對對方的人品有清醒的認識。

　　一個成功的美國商人曾經這樣說：「讓每個顧客都能夠滿意而歸，是我經商的一個重要原則。如果我的商店不能讓顧客滿意，那麼他們就再也不會來光顧我的商店了。」如果他的顧客不再相信他，他就會非常痛苦，好像受到了汙辱一樣。

　　一些年輕人，為了盡快發財，總是只想著自己的利益，完全不顧對方的利益。最近，有位紐約法官正在為一件事而忙碌著。一名職員偷了老闆的錢，老闆將他告上了法庭。法官認為，這名職員每週只能獲得五美元的薪水，這實在是太低了，因此他才會作出有悖於法律的事情。所以，法官想要勸說那個老闆將對職員的起訴撤銷。法官對人們說：「我年輕的時候，雖然每天忙個不停，但是收入卻少得可憐，每週才有兩美元。這筆錢僅僅能夠讓我不挨餓。我們只是老闆賺錢的工具，他從來就沒有把我們當人來對待。我們每週能為

他帶來五十美元的價值，可是他卻只給我們開兩美元薪水。這些錢有時候連吃飯都不夠。有一天，我已經餓了很久了，可是還要按照老闆的吩咐出去辦事。當時我拿著公司的兩千五百元美金，真想捲款而逃。突然，我想到了我的媽媽，想到了她對的教誨，想到了她讓我做一個誠實的人，我頭腦裡的罪惡念頭這才消失。但是，這一天對我非常重要，我永遠也不會忘記。現在這個年輕人面臨的處境與我當年的處境十分相似，我們都是為生活所迫。」人總是要面臨各種各樣的選擇。在貧窮面前，是選擇違法犯罪，還是選擇安貧樂道？如果人們能夠做到安貧樂道，那麼這個世界上將不再會有那麼多偷竊行為。

在不久之前，美國銀行業遭遇了前所未有的打擊，為了防止類似的情況再次發生，幾大美國銀行業巨頭在紐約發表了一個聯合宣言：「誠實是保護自己金錢的最有效的措施。因為搶劫和偷竊事件時有發生，屢禁不止，全國最安全的銀行也被人偷過。那些人是被逼無奈，才會出此下策。也就是說，發生這種事情，並不是銀行的防範措施不得力。在做好防範的同時，我們還要誠實，因為那是我們唯一能做的事情。」生活中的其他事情與銀行業面臨的處境類似，可以運用各種措施和手段來進行防範，但是最可靠的辦法就是每個人都能夠誠實。一個人如果作出不誠實的事情，那就無異於

向整個社會挑戰。如果每個人都這樣做，那麼社會就會土崩瓦解。

許多人認為商業活動不可能做到完全誠信無欺，商人們自己也這麼想，這是非常可悲的，我們應該深思其中的原因。商人們把欺騙客戶和提高效率、節約成本一起當做營利的手段。很多有良好聲譽的店家，以各種花言巧語欺騙顧客，想方設法地掩蓋自己的不足之處，這種做法十分不可取，一旦暴露，將使多年辛勞付諸東流。

如今的新聞界也因為報導經常與實際不符而留下不好的聲譽。要想作出一份信譽好的報紙，就必須做到對大眾誠信無欺，這和做人、經營商場是一樣的道理。

透過說實話而贏得的獎賞，要遠遠高於透過謊言得來的獎賞，它更值得我們去尊敬，也更具價值。

人的商業生命需要良好的人品及信用來維持，這些一旦喪失，這種生命也將終結。缺乏誠信是商人們獲取成功的最大阻礙。許多商人為了在經濟蕭條時期暫時盈利，不惜巧言令色欺騙顧客，結果毀掉了自己的信譽，這令他們始料不及。真正成功的商人是不會這樣做的，他們絕不會因為貪圖一時之利而捨棄自己經商的根本所在。

誠信缺失的現象，在當今社會已經越來越普遍。我們的四周充斥著謊言，包括國家機構都在說謊，這使我們真假難

辨、分外迷茫。我們應該替這些說謊者感到惋惜，而不僅僅是感嘆世風日下。終有一天他們會明白，獲取成功最好的敲門磚就是誠信，而欺騙的行為是得不償失的。

商行眾多是美國經濟能如此繁榮的一個重要原因，這些商行支撐著美國的經濟命脈。然而這些商行都不能持久，它們在美國歷史上來去匆匆，大多都沒有超過四百五十年的歷史。這些商行最終之所以失敗，最重要的原因是他們不能堅持誠信經營。欺騙行為是得不償失的，它只能換來短暫的繁榮，一旦被顧客得知，生意將難以維繫下去，直至以破產告終。

誠信就是商家最好的廣告，是一種看不見的財富。美國有幾家信譽良好的大公司，他們的商標因為這一良好聲譽而價值上千萬美元。有人說可口可樂公司只要有這商標在，就沒什麼好害怕的，僅憑這一商標就能使其在破產後再重新崛起。

誠信的言行能促進我們自身的進步。因為言行誠信之人，不管是從外表還是從心底，都對自己的行動充滿自信。只有卑鄙之人才會以欺騙他人的方式來獲取榮譽，這些人時刻擔驚受怕，永遠無法獲得內心的平靜。

在如今的美國，許多年輕人不惜犧牲自己的人品及聲譽，來換取眼前微不足道的利益，令人十分心痛。他們就算

得到豐盛的名利又能如何？人格的喪失是任何其他東西都彌補不了的。

連人格都拋棄的人是不可能會取得非凡成就的。人生如果失去誠信，就會變得毫無價值。它使人不顧尊嚴地一心追求權勢，與人類善良的天性背道而馳。這種人為了利益，什麼事都做得出來。聲譽是我們人生中最寶貴的東西，一旦失去將很難再找回。

高效、守時、堅韌、誠信是人類的四大好習慣。一旦養成，將畢生受益。工作不講求效率，便會錯失很多成功的機會。時間就是生命，不懂得守時的人，也就是在扼殺自己的生命。對任何事情都淺嘗輒止，欠缺堅持與韌性，必將一事無成。缺乏誠信的人，必難取信於人，一個連別人的信任都得不到的人，何談成功？

哈特先生是波士頓的市長。他說：「對近五十年來的商界進行一個總結，可以得出這樣的結論：那些不誠實的人最終都無法生存下去，而誠實高貴的品德，讓很多人成為生意場上的著名人物。誠實具有非常強大的力量，那些誠實的人因為這種力量而成功，而那些不誠實的人則遭到了嚴厲的懲罰。商人把顧客需要的東西賣給顧客，而顧客的信任就是他們盈利的基礎。所以說，買賣雙方都應該懂得誠實的重要性，盡最大的努力來保持誠實。誠實也會使資本家和工人雙

雙獲利。如果資本家欺騙工人，無情地壓榨工人，那麼工人就會反抗，資本家也會因此而失去利潤。反過來說，工人就會因為資本家的誠實而為資本家創造更多的利潤。很多成功人士，成功的祕訣就是誠實。」

專家學者曾說：「如果大家都相信一個人，那麼成功就會降臨到那個人身上。」《倫敦新聞畫報》的創始者英格拉姆（Herbert Ingram）是一個非常讓人欽佩的人。在從事新聞業的起步階段，他就把每一個讀者都能夠看到報紙當作追求的目標。為了實現這個目標，他曾跑了十英里的路去送一份報紙。這是他能夠成為報業舉足輕重的人物的重要原因之一。

因為誠實得到回報的事情，同樣發生在一位商業名人的身上。他說：「誠實是一項非常重要的品德。無論做什麼事情，都離不開誠信。特別是在創業之初，誠實的作用更為重要。誠實是事業的基礎，如果不能夠做到誠實，要想成功，將會難於登天。」

西元 1837 年，正當喬治·皮博迪（George Peabody）移居到倫敦的時候，美國發生了經濟危機。很多銀行為了減輕損失，便將現金支付業務暫時停止。由於這個原因，一大批企業面臨著破產的處境。愛德華·艾瑞特（Edward Everett）說：「美國經濟遇到了前所未有的挑戰，處於最危險的狀態

之中。因為，人們不再相信銀行了。」因此，當時在歐洲的美國人根本就得不到歐洲人的信任。但是，那些歐洲人卻仍然一如既往地信任喬治‧皮博迪。因為他已經成為商業領域內的一面屹立不倒的旗幟，無論什麼時候，他都能夠秉持正直。要是沒有他，美國在歐洲就會名譽掃地。憑藉著誠實的品德，他多次度過難關。要是沒有他，大洋兩岸的批發貿易將無法正常進行下去。

華特‧史考特（Walter Scott）是英國著名的小說家，同時也是一個非常誠實的人。他投資了一家出版印刷公司。後來，那家公司因為經營問題而倒閉，他也因此欠下了六萬美元的債務。他的朋友們都很仗義，得到消息後就打算湊錢幫他還債。可是，史考特並沒有接受朋友們的幫助。他說：「各位的好意，我心領了。但是我不能接受你們的幫助。我自己的事，還是我自己來解決吧。失去金錢並不是一個可怕的事情，真正可怕的事情是失去信用。」他說到做到。為了在短時間內把債務還清，他每天都非常努力地工作。他那家公司倒閉的事情，經常出現在報紙上，而且大多數的報紙對他的遭遇表示同情。他對那些文章不屑一顧，並說道：「我現在非常心安理得，睡覺特別沉。因為我的行動已經向我的債主證明，我是一個誠實的人，因此，他們還說不用償還他們的債務了呢！但是，這樣做不符合我做人的準則，我是堅絕不

會同意的。這些債務或許會把我折磨得疲憊不堪，但是我卻非常高興，並感到無上的光榮。我一定要把債務還清，就算累死也在所不惜，因為對我來說，信譽比生命更重要。」

聖路易聯準銀行主席對銀行家們說：「信用是很多人能夠借到成千上萬美元貸款的重要原因。他們可能並沒有多少錢，但是他們的品德卻令人佩服。他們借款之後，總是能夠按時還款。」一個銀行家說，如果一個不誠實的富人和一個誠實的窮人同時向他借錢，那麼他會毫不猶豫地把錢借給後者。這是因為，富人的償還能力毋庸置疑，但是他們是否按時償還卻是一個未知數。從這件事可以看出，信譽對於商人有著極其重要的作用，信譽可以帶來利益。

有一個非常著名的商人曾經對一個年輕人說過這樣的話：「你是一個誠實的人，別人都相信你，所以他們才會把全套裝備都賒給你。他們知道，雖然你沒有錢，但是你說的每一句話都會做到。他們對你非常放心。」另外一個成功商人說：「在這個世界上，賺錢的機會隨處可見，但是只有那些正直和誠實的人才能夠把握住這些機會。」

商界有商界的規則，你以往的言行會成為商人們行動的依據。你必須要小心謹慎，因為你說過的每一句話，做過的每一件事，都對你的現在和將來有著深遠的影響。如果一個人不誠實、不正直，那就很難在商界立足。大家都相信那些

誠實的人。人們不會把錢借給那些不誠實、不正直的人，銀行家和商人比一般人要精明得多，他們借錢時會更加注重信用。他們有自己的信譽調查公司，會對借錢的人進行嚴格的考核，以防止他們的錢被人騙走。

對年輕人來說，贏得他人的信任，將對自己日後的成功起著重大作用。這就要求他從做第一份工作開始，就必須踏踏實實，勤勞誠懇；要做好時間上的安排，不要浪費自己的時間；要嚴格約束自己的言談舉止，絕不做任何損害自己名譽的事；要時刻謹記自己的原則與堅持，任何時候都不可背信棄義。在做到這些要求以後，他才有可能取信於人。

》　商機從哪裡來

米拉波（Honore Mirabeau）說過：「要想獲得財富，誠實是不可或缺的，因此，每個人都必須努力培養誠實的高尚品格。」

幾名印第安人在一家開張沒多久的店鋪門前逗留良久，卻沒有買任何東西。幾天後，印第安酋長來到這家店，對店主說：「約翰，你這裡有什麼好貨色嗎？拿過來讓我瞧瞧！哦，這條毯子不錯，我要買一條！嗯，這塊花布也可以，買下來送給我老婆！三張貂皮能換一條毯子，要是我再多買一塊花布，那就需要四張貂皮了！」

翌日，酋長帶著滿滿一包貂皮又來到店裡。「約翰，我把錢帶來了！」他一面說著，一面取出了四張貂皮，接著，第五張貂皮也出現在店主眼前。跟前面四張不同，這張貂皮一眼看上去就不是尋常貨色。酋長把它跟其餘四張貂皮一起放到了櫃檯上。

哪知店主約翰卻將其推了回去，他說：「這一張請您收回吧，您要的貨物只需支付四張貂皮就足夠了！」但是酋長並不同意他的說法。購買這些貨物到底需要支付四張貂皮還是四張貂皮？兩人為之爭論不休。在這個過程中，酋長對這位誠實、認真的店主好感倍增。終於，酋長被說服了，他收好第五張貂皮，又望了約翰一眼，隨即走到這家店的門前。

「約翰非常誠實可靠，他絕不會欺騙顧客！大家以後儘管放心來他的店裡買東西！」酋長對他的族人這樣宣告道。酋長發表完這個結論以後，又退回了店裡，對約翰說道：「要是剛剛你沒有堅持到底，收下了第五張貂皮的話，我就會告訴全部族人，千萬不要來光顧你的店。不僅如此，我還要把你的所作所為公告天下，讓所有人都不再來你店裡。可是，你最終用行動證明了自己誠實的品行。今後，你這家店必定會顧客盈門！」

酋長所言果然沒錯，約翰的店鋪從此生意興隆，財源廣進。

　　一位荷蘭的生意人，有一次，他講述了一個自己親身經歷過的故事：

　　「我開了一家賣針線的小店，經營得雖然還不錯，但總是賺不到什麼錢，沒辦法進一步擴大生意。有一天，我聽說有人想低價轉讓一批貨，就主動去跟那人談判，希望可以買下這些貨物。可惜，最終因為我出價太低，這樁買賣沒有談成。那人臨走時跟我說，如果我的店鋪經營得好的話，那麼大家以後肯定還會有合作的機會。

　　我沒想到他所說的機會竟然那麼快就來了。幾天後，他又來找我，說：『我想把手頭上的貨賣給你，先生，不知你還有沒有興趣？』我雖然很願意接下這樁生意，無奈當時的資金不夠。我便對他說：『我會出三千美金來購買您的貨物，我這樣說您會信嗎？』『當然不信！你手頭上哪來的這麼多錢？』他說。

　　聽到他的答案，我知道自己沒必要再隱瞞什麼，於是坦誠地說出我現在只有一千美元的事實。說出這樣的實情，並未讓我感覺難為情，相反地我覺得自己這樣做，遠勝過編造謊言欺騙他。

　　美國總統華盛頓一直是我的偶像，當他還是個孩子的時候，曾因為想試試自己的斧頭是否鋒利，而砍壞了一棵櫻桃樹。那是他父親最喜歡的一棵樹，為此，他的父親勃然大

怒。在這樣的情況下，年幼的華盛頓非但沒有逃避責任，反而誠懇地對父親道出了實情。由此，我一直堅信，一個人在任何時候都不能忘記誠實。

事實上，那人也正是看中了我的誠實，最終才答應與我合作。貨物的總價是三千美元，但由於當時我缺少資金，沒辦法一次付清。那人允許我先行支付一千美金，剩下的日後再還給他。他說像我這樣坦誠的人，是不會欠債不還的。經歷過這件事，我愈發堅定了誠實做人的信念。」

美國緬因州有一位農場主人，他將自己農場裡產出的蘋果全部裝到桶子裡，運到市場上去賣。所有的蘋果品質都很好，在運輸過程中也沒有出現半點損傷，但農場主人仍然堅持在每個裝蘋果的桶上都寫下自己的姓名和通訊地址，並且留下這樣一句話：要是您購買的蘋果出了問題，歡迎隨時寫信通知我！很快，就有一封信從英國寄到了農場，信的大致內容是對方很滿意他的蘋果，並期待能與他繼續維持這種買賣關係！

艾姆斯（Oliver Ames）州長說過這樣一席話：「在研究鐵鏟上花費的二十年，是我生活得最快活的一段時光。在那段日子裡，不管我去何處，總有人能認出我來，因為我的名字就是誠信的代名詞。那段時間，『艾姆斯』牌鐵鏟的價格二十年都沒變過。在西部，這個牌子的鐵鏟甚至用來代替貨

幣在市場上流通。代理商對我們來說完全就是多餘的，因為我們的鐵鏟不需要他們的幫助，也可以在全世界廣泛銷售。我們根本不必做任何廣告，就可以使想要訂貨的人源源不絕地跑來跟我們合作。當然，這一切都是以『艾姆斯』牌鐵鏟的高品質為基礎的。也唯有高品質的產品才能贏得顧客二十年如一日的支持！」

　　一個在北非穿行千里的旅客說道：「無論在哪個民族的居住地，只要提起『艾姆斯』牌鐵鏟，沒有一個人會說不知道。」「艾姆斯」這三個字就是高品質的代名詞。在世界各地，遠到非洲好望角，大洋洲的澳大利亞，產自麻州的「艾姆斯」牌鐵鏟，都享有極高的美譽。

　　「華盛頓製－弗農山」，看似簡單的幾個字，卻成為了西印度群島諸家港口的免檢證明。由於「華盛頓製－弗農山」的麵粉品質絕對有保障，所以任何檢查對其而言都是多此一舉。

　　作為羅斯柴爾德銀行財團的創始人 —— 邁爾·阿姆謝爾（Mayer Amschel）的大名可謂無人不知，無人不曉。西元 18 世紀末期，邁爾·阿姆謝爾居住在法蘭克福的猶太街上。在那段時期，猶太人的地位十分卑微，經常遭到欺壓。當時，甚至有這樣一條殘酷的規定：猶太人若回家晚於一定的時間，將會被判處極刑。當人們連生命都得不到保障的時

候，更何談人格與尊嚴？但是，阿姆謝爾沒有自暴自棄，他下定決心要改變現狀，為自己也為族人闖出一番天地。他創立了一家公司，公司的名字就叫做羅斯柴爾德，在德語中即「紅盾」的意思，同時，「紅盾」也成了公司的標誌。這家在當時名不見經傳的公司，後來憑藉他的誠實守信得以發展壯大，成了遍布歐洲大陸的超級銀行財團。

當拿破崙帶兵攻來時，威廉一世倉皇逃跑。他在臨走前交給了阿姆謝爾五百萬銀幣。當時，威廉認定這筆錢肯定會被敵人據為己有，所以他並沒有寄望日後還能再將錢拿回來。但他沒有想到，阿姆謝爾竟會冒著生命危險，幫自己把這筆錢藏在了花園的地底。敵人撤退後，阿姆謝爾隨即將這些銀幣拿出來放貸。當威廉返回時，阿姆謝爾便將五百萬銀幣連本帶利都歸還給了他。

在羅斯柴爾德財團的發展史上，從來都找不到半個汙點。他們以自己的誠信與堅持，打造了一個價值四億美金的品牌！

可是，在現實生活中，卻有越來越多的人開始慢慢喪失誠實的美德。

一天，麻州政府收到了這樣一封信，信中引用大量實例，證明人們現在的生活已充斥著劣質商品。信的原文如下：「麻州的女士們、先生們，有一件至關重要的事要告知

大家。儘管食藥署和檢察官都沒有調查出異常狀況，但已有確切消息證實波士頓及其附近區域產出的牛奶，已出現了大量的品質問題。牛奶廠商為了牟取暴利，不惜以次充好，卻拒不承認。他們生產的牛奶，是從麵包裡提取成分製造而成的，任何藥品或儀器都無法檢測出它與正常牛奶有何區別，一般的顧客就更沒有辦法了。」

信中提到了假牛奶的製作所需要添加的各種成分，及精確數量，按照這個方法，利用奶油同樣可以製造出以假亂真的牛奶。

假如大自然也像人類一樣擅長說謊，將我們現在擁有的一切山巒、河流、森林等都變成假象，那麼到時候，我們所看到的所有景象都不過是虛無縹緲的空中樓閣：萬有引力失效、太陽系中心轉移……當一切都混亂不堪時，試問人類將如何生存下去？人與自然必須要和諧相處。一方面，大自然為人類提供了生存環境與自然資源；另一方面，人類會發揮自己的主觀意識去利用現有的環境和資源。當然，這種主觀意識的發揮務必要遵循自然規律，如若不然，必將受到大自然的懲處，例如自然災害等。人類應該不斷探索、了解大自然，學會對其展開合理的開發與利用。

有這樣一則意味深長的故事。有四隻飢腸轆轆的蒼蠅。第一隻蒼蠅好不容易找到一截香腸，遂忍不住大快朵頤，豈

料香腸中含有亞硝酸鹽成分，結果牠因此命喪黃泉。第二隻蒼蠅則吃下含有明礬的麵粉，白白丟了小命。第三隻蒼蠅找到的食物是一杯牛奶，猛喝一頓之後，由於牛奶中含有過多的粉筆灰而被嗆死了。最後一隻蒼蠅在同伴們相繼殞命之後，終於喪失了求生的意志。牠想，反正都免不了一死，那乾脆自殺算了。這時，牠看到一張溼答答的紙，上面寫著「蒼蠅藥」三個字，遂直奔那裡而去。牠降落到紙上以後，不經意間嘗了一口上面的蒼蠅藥，感覺味道還算可以。牠想，既然要死，不如做個飽死鬼，隨即放開肚皮，大吃起蒼蠅藥來。說來奇怪，牠越吃越覺得精神倍增，吃飽喝足以後，竟安然無恙。這所謂的蒼蠅藥，原來也跟香腸、麵粉以及牛奶一樣，是摻了假的！

一位買賣茶葉的生意人曾說過，他從來不允許自己的家人飲用自己所賣的茶葉，因為這些茶葉都不是正宗的，品質完全沒有保障。

事實上，不僅僅是茶葉行業，其他行業的商人也是一樣。他們為了一己私利，早就將道德拋諸腦後。為了牟取暴利，他們讓自己的員工千方百計欺瞞消費者，即使明知自己的貨物品質不過關，也照賣不誤。「現在市場競爭這麼激烈，既然別人都這麼做，我們沒有理由違背行內的潛規則逆流而上！」那些昧著良心的商人們理直氣壯地申辯道。

　　處在這樣的大環境中，受著這種昧著良心的老闆的領導，試問那些無權無勢的年輕員工又怎麼能堅守原則、潔身自好？事實上，很多定力不強的年輕人就在這種汙穢的社會環境中不知不覺被同化了。

　　我們的社會發展所缺少的人才，絕不是那些為在紐約生產的所謂「愛爾蘭亞麻」做推銷的人，當然也不是那些耽於美國工廠大量生產所謂「英國羊絨」的青年們。誠實是成為人才的前提條件。一名合格的醫生，一定要在詳細了解病人的病情之後，才能開出相應的藥方。一名合格的政治家，一定要腳踏實地為民眾做實事，而非終日沉溺於各種應酬，不分場合地炫耀自己的雄辯與口才。一名合格的律師，一定要將真相擺在最重要的位置，無論如何都不能為謀取錢財歪曲事實本身。一名合格的牧師，一定要謙虛謹慎、耐心聽取不同的聲音，而非一味沉醉於虛偽的讚美。一名合格的生意人，一定要做到誠實守信、買賣公平，絕不能為追求暴利弄虛作假、欺騙顧客。要成長為一名真正的男子漢，就必須學會擔當，不管遇到什麼困難，都要勇敢地面對。在這個社會中，依靠投機取得的成功，永遠都只是暫時的。只有透過誠實做人、誠實做事取得的成績才是貨真價實的，才是永恆的。

　　令人感到欣慰的是，並非所有人都不誠實。

　　一名學者曾經說過：「誠實是做人的根本，同時也是做生意的準則。一名成功的生意人，必定也是一個誠實的人。要想獲得利益，必須要付出相應價值的商品。若只靠弄虛作假，欺騙顧客來牟取暴利，這樣的生意人與強盜又有何異？」

第二章　仁愛者得天下

在這個世上，總有一些人不需要發號施令就可以實現自己的目的。由於他們的影響力和能力幾乎不成比例，所以難免有人會產生疑問：為什麼他們能輕易地讓別人聽命於他們呢？因為他們滿懷仁愛之心。幾乎所有人都願意追隨他們，這就是仁愛的力量。

人們總是很難拒絕那些品格高尚的人。這種品格及魅力，會伴隨一個人終身。這些人使人們的生活充滿光明，所以絕不會有人嘲笑他。如果你也想成為那種讓人無法拒絕你的正當要求的、有魅力的人，那你就要重視和培養你的仁愛之心。

» 不要隨便發脾氣

著名傳教士李文斯頓的母親，是一位極其高貴優雅的基督教徒，受到人們的廣泛尊敬。著名詩人拜倫的母親則正好相反，她生命中的每一天都在極度暴躁的情緒中度過，根本無法自控。

自制力是很重要的，人類最難做到的是控制和約束自己。世上沒有天生的好脾氣，必須要有充分的自制力才能做到這一點。世上也沒有天生的壞脾氣，但一個人若在成年之後，依然沒有學會控制自己的壞脾氣，那就大大不妙了。是否擁有好脾氣，與人們生活品質的優劣息息相關，不可小覷。研究表明，人類的生活品質會受到以下因素的影響：自然環境惡化、工作過度勞碌，飲食營養不良、居住環境較差、生活習慣懶散等。可是，脾氣暴躁的危害力甚至要超過上述因素的總和。所以，壞脾氣的人壽命一般都不會長，而許多好脾氣的人，即使一生坎坷波折，也能獲得很長的壽命。

一位主人的脾氣極其惡劣，他的管家因為難以忍受而要求辭職。主人說：「我是經常發脾氣，但是我每次發脾氣都會很快結束啊！」「可是結束沒幾分鐘，就又找到第二次發脾氣的理由了！」管家這樣答道，最終還是辭職離開了。

很多人過著朝九晚五的平淡生活，對於這個世界來說，他們似乎是可有可無之人。他們之所以會如此缺乏存在感，是因為周圍的人都因為他們粗暴的脾氣而對他們日漸疏遠。他們性格極差，總會為一點小事大發雷霆，令周圍的人窘迫、難堪，甚至大傷自尊。這樣的人當然只能落得形單影隻的下場，被周圍的人所拋棄。

脾氣暴躁的人，人們剛開始還可能會因為他出身名門、受過高等教育而忍耐他，圍繞在他周圍。但相處久了，人們就會因為他的壞脾氣而日漸疏遠他。最後他還因此丟掉工作，變得無家可歸。其實他的才華很出眾，並且很富有活力，就是因為脾氣差而得不到錄用。他已經不再年輕了，還有全家老少要養活，只能淪落到依靠借錢維持生計。這真是一件很可悲的事情。

有一個二十年如一日，嚴格要求自己的人，他在家裡是任勞任怨的「模範丈夫」，在職場上是工作勤奮、負責的優秀員工。有一回他突然一反常態地大發雷霆，甚至毫無理智可言，這讓周圍的人看得目瞪口呆。人們從此開始疏遠他，與他相處時總是小心翼翼的。

有些人把他人誠摯的建議當作出言挑釁，任何批評、反對的話語都會令他們勃然大怒。很少有人能平靜地接受別人不留情面的批評、指責，儘管我們都明白忠言逆耳的道理。

那些才德皆不具備的主管，對待下屬往往傲慢、態度差、隨意吆喝，在他們眼裡，所有人都比自己低下。下屬們因此沒辦法專心工作，終日戰戰兢兢。有一些下屬也不是可以隨意招惹的，他們脾氣暴躁，你在批評他們時，一定要注意自己的措辭。如果因為措辭不當而激怒了他們就麻煩了，往往你自己也會因此情緒失控，事情將糟糕到收不了場。有涵養的人絕不會失態或作出不合身分之事。那些總愛發脾氣的人，只是表面上看起來很強悍，其實內心脆弱得不堪一擊。

脾氣暴躁的女孩內心都很敏感、緊張、焦慮，她們的上司都對她們束手無策。這種女孩會埋怨上天的不公平，她們總在矛盾中掙扎，覺得自己是為了養家糊口才迫不得已去工作的。那些在樂觀開朗之人看來毫不起眼的小事，她們卻往往要計較半天，感到憤憤不平，哪怕只是他人隨口說的一句話。

我們很難迅速改掉已經養成習慣的壞毛病，而要改掉自己暴躁易怒的脾性就更難了。但我們只要能夠冷靜分析導致這種脾性的原因，然後依具體情況改善的話，想要改掉也不是不可能的事。比如有些人難以接受別人提的意見，認為這樣做，傷了自己的面子，因而發怒，這種怒火就是因為嫉妒心太強而導致的。還有的人，聽不進任何反對意見，認為這是在挑戰他們的權威，所以只要有人不對他唯命是從，他就

會發怒，這種怒火就是因為控制欲太強。透過上述例子我們不難發現，脾氣暴躁之人，都是遇事只顧自己而不考慮他人感受的人，他們往往剛愎自用、不可一世、自私自利。

　　要想在成功的機遇到來時，不錯失任何良機，就要努力調整好自己的心態，不給惡劣的情緒有機可乘。在你心情欠佳，煩躁易怒的時候，切忌對別人大發雷霆，否則，必會引起別人對你的反感。要是你的思維已經變成一團亂麻，根本無法很好地控制自己，繼續做好手頭的工作，那你索性馬上停止工作，放下一切，走出門去放鬆一下。你可以在大街上散散步，如果可以的話，一直走到僻靜的鄉下。當你走得渾身的力氣都像被抽光了時，所有的煩惱也會隨之排出體外。脫離了工作環境以後，再認真梳理一下那些讓你不勝煩惱的工作，結果往往會發現這項工作原來也沒有那麼困難，先前那樣煩躁不堪完全沒有必要。讓自己的心終日被幸福快樂填充，堅絕不給憂傷煩惱入侵的機會。做到了這一點，你將永遠保持充足的自信，那些無關緊要的小事永遠都無法阻撓你的成功之路。

》　愛能溫暖人心

　　格萊斯頓（William Gladstone）是英國著名的政治家，為

人十分寬厚慈愛。有一次，在聖馬丁牧師那裡聽到了一個有關於他的故事。

一位清潔工人生病了，聖馬丁牧師特意到郊區探望他。

牧師問：「你生病的這段時間，有誰來探望過你嗎？」

清潔工人答道：「格萊斯頓先生曾來看過我。」

牧師很吃驚：「格萊斯頓先生怎麼會來看你？」格萊斯頓時任英國財務大臣，儘管他的家就在這附近，但牧師還是想像不到他會過來。牧師心想，以他的身分，怎麼可能會作出這樣的舉動？簡直太令人不可思議了。

清潔工人說道：「這件事我也沒有預料到。先前，格萊斯頓先生每次經過我負責的那條路時，都會主動跟我打招呼。前幾天他路過那裡時，沒有看到我，於是去詢問我的同事。在得知我生病的消息後，他便打聽到我的住址，過來探望我。」

「他來到這裡之後發生了什麼？」牧師又問。

「他虔誠地為我做禱告，還講述了一些聖經的語句，讓我放寬心，好好休息。」清潔工人實事求是地說。

像耶穌一樣，對每個人都以仁慈寬厚之心待之，這便是格萊斯頓成就自己高尚人格的根本原因。

在此，我還要講述一下查爾斯·科里特頓的事跡。查爾

斯·科里特頓自從女兒當了修女之後，便開始了一項嶄新的事業：她將上帝的庇佑帶給所有失去希望的人，將和平的福音帶給在戰爭中飽受折磨的人。為了庇護那些流浪的女性，她還出資創建了一所慈善機構，讓那些孤苦無依的女性內心重新燃起了希望之火。

在紐奧良的廣場上，矗立著一座大理石雕塑，雕塑中的人物名叫瑪格麗特（Margaret Haughery）。

多年前，紐奧良黃熱病肆虐。這場疫病奪走了瑪格麗特的雙親的生命，只留下她一個人艱難地在世上生存。她年紀輕輕時便結了婚。但是很不幸，她的丈夫很快就去世了，她又成了孤家寡人。瑪格麗特身體瘦弱，而且大字不識，幾乎無法勝任任何工作。她好不容易才在收容所裡找到一份工作，接著就每天從早忙到晚，無微不至地照顧收容所裡的孤兒。後來，政府出資修建了一所新的收容所，聘請了專業人士來照顧那些孤兒，瑪格麗特隨即便失業了。

為了生計，她開了一家小店，出售牛奶和麵包。因為她心地極為善良，她的名字在紐奧良幾乎無人不曉。人們紛紛慷慨解囊，幫她買了一臺烤麵包的爐子和一輛運送牛奶的小車。儘管生活並不寬裕，瑪格麗特還是節衣縮食，竭盡全力賺錢幫助城裡的孤兒們。她將這些孩子視如己出，幾十年如一日地庇護著他們。在她去世之後，紐奧良特意為她打造了

一座美麗的雕塑，永遠紀念這位高尚無私的母親。

　　有一位女士，儘管生活貧窮，卻對著名心理學家戈德史密斯（Oliver Goldsmith）的學術研究及生平事蹟非常感興趣。她在給戈德史密斯的信中說，自己的丈夫現在毫無食欲，了無生趣，希望能透過這封信得到一些幫助。很快，她便收到了答覆，戈德史密斯表示將會親自上門，無償地為她的丈夫進行診斷。診斷結果證實，她的丈夫是因為生活窮困才生病的。戈德史密斯向女士保證，將會為她的丈夫提供最好的治療。經歷過這件事以後，心理學家便為自己額外準備了一些硬幣，並在裝硬幣的盒子上寫了這樣一句話：「如果有需要，請盡情使用，快意生活最重要！」

　　戰功卓絕的戈登（Charles Gordon）將軍生平榮獲無數勛章，可是他卻獨獨看重其中一枚。這枚勛章是一位外國的王后送給他的，上面的題詞非常別緻。後來，這枚勛章莫名其妙地失蹤了。當它再度被人發現時，已經是多年後的事了。事情的真相出乎人們的預料，原來始作俑者正是勛章的所有者戈登將軍。他除掉勛章上別緻的題詞，以十英鎊的價格賣掉了它，隨後匿名將這筆錢捐贈給了一所慈善機構，用於救助受災的百姓。

　　有位子爵特意為克里米亞戰爭舉行了一場宴會。席間，大家做了一個遊戲，每個人都在紙上寫了一個人名，寫下誰

的名字，就是認定誰將在此次戰爭中名聲大振。最終，所有人都不約而同地將「南丁格爾」作為唯一的答案。

曾有人這樣形容南丁格爾：「南丁格爾好像從來不知疲倦為何物，不分晝夜地帶著她的隊伍四處奔波。哪裡最危險，哪裡就有她的身影。當時，從巴拉克戰場和印科曼戰場上抬回了無數傷員，情況混亂至極。但南丁格爾沒有絲毫膽怯，她將傷員們一一安置下來，將整個局勢都掌控在手中。有時候，她每天要工作二十個小時甚至更多。只要有她在的地方，一切都井井有條。」

有位醫生與她共事多年，在談到她時，他說：「南丁格爾的專業水準非常高超，反應極為靈敏。我從醫多年，從未見到有人能超過她的速度和準確度。身為醫護人員，面對一些極度血腥的場面在所難免。在這種時候，更能凸顯南丁格爾的無私忘我。她永遠堅守在傷員身邊，只要傷員帶有一線生機，她便會堅持到底。」

一名士兵說道：「在面對傷員時，南丁格爾永遠都面帶微笑，不停地說著鼓勵的話語。她是所有傷員的定心丸，只要她在附近，傷員們便能安然入睡。」

另外一名士兵說道：「在南丁格爾出現以前，我們的世界糟糕得就像地獄；在南丁格爾出現以後，我們的世界美好得彷彿是天堂。」

不同的故事，相似的人格。這些無私地撒播仁愛的偉人們，他們的事蹟與人格將永存人們心間。偉大的人格從來都是相通的，其共同之處就在於一種叫做「黏合劑」的因素，詳細說來，就是為了完成自己的使命不惜一切代價。「這種『黏合劑』將他們的善良、智慧、才華、仁愛、樂觀等優秀因素全都黏合在一起，最終構築成其完整而偉大的人格。」安娜・詹姆斯（Anna James）這樣解釋道。

無論人類發展到什麼階段，仁愛與正直都絕對不會被淘汰。此外，人類也需要樹立正確而堅定的信仰。正確的信仰能指導人類將潛能發揮得更好，令其時刻保持旺盛的精力和強大的自信心，推動偉大人格的構築進程。

有一位名人曾說：「仁愛寬厚對人類而言是最珍貴的。面對冷酷之人以溫柔應對，面對自私之人以寬厚應對，面對無情之人以溫情應對，面對厭世之人以興趣應對。上帝將保佑一切仁愛寬厚之人。」

》 小善帶來大仁

弗雷德里克斯堡一戰中，戰況慘烈，北方聯邦上萬傷兵無法回到自己的戰壕，只能在槍林彈雨中苦苦煎熬。他們不斷提出喝水的請求，但在這樣炮火連天的戰場上，旁人根本

無暇理會他們。就這樣度過了艱苦的一日一夜之後，南方有一位士兵看不下去了，他向上級申請，要出去送水給傷兵們。他的上級說：「你這樣做不是自尋死路嗎？」士兵很堅持，他說：「長官，現在北方傷兵們痛苦的呻吟聲，把震耳欲聾的槍炮聲都蓋住了，我必須幫助他們！」最後，他用自己的善良與堅持說服了上司，使自己的請求獲得了批准。隨後，他冒死衝出戰壕，在轟鳴的炮火聲中，逐個給敵方的傷兵餵水。這種勇敢無私的行為讓南北兩方都深深為之動容，北方軍隊率先停火，其後是南方軍隊，雙方暫時休戰。這位善良的士兵利用這段時間，將水送遍了整個戰場，讓所有傷兵都喝到了水。

寒冷的冬夜，天空飄灑著鵝毛大雪。一片黑暗之中，點點燈光恍如漂浮在海中的燈塔，點燃了人們心頭的希望之火。商店即將關門，顧客們紛紛湧出店門。女店員們結束了一天的工作，正從商店門口魚貫而出。她們沒有錢搭車，只能冒著風雪艱難地朝家裡走去。

我們的主角就是她們中的一員。她長得並不起眼，瘦削的體型看起來非常孱弱。已是隆冬時節，她身上還穿著樸素的秋衣，由此可見，她的經濟狀況也很差。

她一面走一面若有所思，行至道路轉彎處時，見到那裡有一個賣鉛筆的盲人。他的腳被大雪掩埋了，整個身體在紛

飛的大雪中瑟瑟發抖。幾支鉛筆緊緊握在他乾瘦的手裡，幾乎要被大片雪花遮掩了。

路人們從他身邊匆匆走過，卻沒有一個人理睬他。瘦弱的女店員也不例外，但是在她走過半條街以後，忽然又折回到盲人身邊。

她凝視著那個盲人，許久不見他有任何反應，於是默默塞給他一枚一元的硬幣，隨即又走開了。

走了沒幾步路，女孩再度停住了腳步。她似乎有什麼心事，走走退退，猶豫遲疑。

過了一會兒，她終於下定決心，走回盲人身邊，溫柔地問他：「你是不是什麼都看不見？」

盲人睜大空洞的雙眼，給女孩看自己胸口懸掛的一枚舊徽章。女孩認出那是聯邦退伍軍人的身分標誌。

「對不起，先生，能把剛才那一塊錢還給我嗎？」女孩羞澀地問道。

「好的。」盲人將硬幣摸索出來。

女孩取出自己的錢包，錢包裡僅有的兩枚硬幣在路燈的照耀下熠熠生輝。女孩看著自己工作幾週的全部所得，伸手取出其中一枚硬幣，交到了盲人手中。

「帶著這點錢，您請回家去吧。這麼晚了，您該好好歇

息一下了。」女孩說道。

接著，她便轉身離去，一面懷著對盲人的哀憐之心，一面又暗自祈禱自己的行為並未被任何人察覺 —— 真正善良的人並不希望自己的善舉為人所知。

夜依舊這樣黑，這樣冷，但女孩的善心卻為這位可憐的盲人點燃了一支明亮溫暖的火把。

在匹茲堡，一名老人走在街上，因為腿腳不方便，路面又很滑，他一下就跌倒了，連帽子也掉在了地上。風將他的帽子吹走了，落到一個男孩身旁。男孩飛起一腳，又把帽子踢到了路中間。另外一個男孩見狀，急忙上前幫老人拾起帽子，又主動送他回旅館。老人感激地留下了他的姓名和通訊地址，並在不久之後將一張一千美元的支票寄給了這個善良的男孩。

勿以善小而不為，因為這小小的善舉對需要幫助的人而言可能是非常重要的，他們甚至會永遠銘記於心。要成為一個善良的人，並不需要作出多麼偉大的壯舉，單單從這樣看似不起眼的小事中，也可以看到一個人金子般的善心。一個微小的善舉，一句溫暖的話語，也許就將改變一個人的一生。

第三章　自信是成功的基礎

自信有多高，成就便有多高。若將一支普通軍隊的統帥換成拿破崙，他傳達給將士們的精神力量，將會大大加強整支隊伍的戰鬥力。士兵對領導者的信心與軍隊的戰鬥力有直接關係，假如領導者的能力完全不能叫下屬信服，何談隊伍的戰鬥力？

自信能夠產生偉大的力量，無論是多麼普通的人，都能依靠強烈的自信心獲得成功；反之，若自信不足，再優秀的人也會因為猶豫遲疑錯失成功的良機。

» 不自信會怎樣

有一位公司董事長，他的能力很強，但是言談舉止畏畏縮縮，似乎對自己的能力非常欠缺信心。許多人因此提出質疑，認為他的才能達不到職位的要求。這給他造成了很大的困擾：為什麼自己是董事長卻完全不能服眾？甚至連下屬最基本的尊重都得不到？可惜，他並沒有找到問題的癥結所在，反而更加動搖了自信心，導致自己在公司的地位每況愈下。

人們優秀是因為他們堅信自己優秀，人們卑賤則是因為他們堅信自己卑賤。上帝造人時是公平的，但在現實中不同的人之所以會有雲泥之別，完全是有些人自我貶低的結果。基於這種情況，我們必須全面客觀地認識自己，將所有自我貶低的思想徹底清除。

中世紀神學堅持認為，自甘墮落是人類的天性，所以人們要時刻不忘貶低自身。但是，這樣做的後果是什麼呢？人們已經犯下的罪孽並沒有因此而減少，可是人類的地位卻因此而不斷下降，一直降到現在的最低點。人們在將自己置於最卑微的地位時，只會承受巨大的生活壓力。事實上，上帝在塑造人類時，並未賦予人類墮落的天性，人類自甘墮落的緣由在於其自身。上帝造人時，讓人類能夠直立行走，其目

的不就是叫我們平視萬物嗎？上帝造出的是與自己平起平坐的人，而非奴顏婢膝的奴僕。因此，人類生來便是貴族，體內流淌著高貴的血液，完全沒有必要自我貶低。

我們對生活有沒有信心，會直接影響到我們的生活狀態，進而造就成功者與失敗者之間的天差地別。自信會帶給我們最強大的力量，每個人都應信心滿懷地迎接每一天，最終走向成功的終點。而那些自信匱乏，終日沉溺在自我否定中的人們，假如無法從這種心理陰影中走出來，就只能無奈地接受必敗的結局。

在現實生活中，很多人正是因為無法擺脫自我貶低的陰影，所以很難從貧困中跳脫出來。在他們心目中，始終認為自己身分卑微，地位低下，並甘於屈從現狀，不思改進。這種類型的員工通常不會引起老闆的重視。在企業中，會得到重用的往往是那些對老闆不卑不亢的雇員。一味順從並不可取，很多成功的機會就是因為過分順從而失去了。真正優秀的人才應該是自信獨立的。明智的老闆，絕不會提拔那些唯唯諾諾、毫無主見的員工。

對任何人而言，自信心的匱乏都是非常致命的。人們失敗的原因通常都是缺乏自信，這種人縱然擁有拿破崙的軍事才能，在戰爭中也不可避免地會走向失敗。

許多人都會在困難面前低頭，覺得自己根本沒有能力脫

離這種困境。他們不明白，成功人士之所以能取得偉大的成就，就是因為他們無論遇到什麼情況都能勇敢堅持到底。只要我們對未來有信心，就一定可以戰勝困難，走向成功。

　　對任何人而言，自我貶低都是不可取的。成功永遠不會眷顧那些自認為百無是處、運氣欠佳、愚不可及、處處不如人的自卑者。內心的想法決定行動，一個人從心底認定了自己失敗者的身分，如何能在行動中扭轉頹勢？又如何能讓別人相信自己可以成功？

　　自信的缺乏是很多人失敗的根源，可惜當他們參透這一點時，往往已垂垂老矣，悔之晚矣。要想保持強大的自信心，就不該誇大自己即將面臨的困難。另外，也不要讓自己陷入低落的情緒，無法自拔。因為這樣會對自信心造成很大的影響，抑制人們才能的發揮，一定要切忌在這種時刻做出重大決定。

　　成功永遠不會降臨到那些消極的人身上。懦弱者之所以會失敗，才能不足絕不是主要原因，自信缺乏才是最關鍵的。

　　何苦要隨波逐流？何苦要畏縮不前？人人都可以成功，只要鼓足勇氣，認清自己，堅定信心，沒有人不可以反敗為勝。不管遇到什麼情況，我們都應保持強大的自信，將自己的能力盡情發揮出來，堅定不移地朝著最終目標邁進。

樹立強大的自信心會令一個人的才能得到迅速提升，對他的成功大有幫助。所有成功人士在工作中無一例外都是積極努力的。因為他們懷有強大的自信心，不管現實有多失望，前景有多渺茫，這份自信都不會被動搖。正是這樣的自信讓他們終於如願以償，獲得成功。

自信是成功的最關鍵因素，指引著成功者前進的道路。自信可以讓我們對未來有更明確的目標，並對目標的實現發揮強大的推動作用。自信之人必將成功，這一點無需質疑。

自信可以幫助我們積極面對眼前的困難，對未來充滿希望。一個人如果擁有了超人的自信，那麼任何惡劣的環境都不能阻撓他對成功的追求。在現實生活中，人們關注的總是成功者身上耀眼的光環，而在這光環背後有著怎樣驚人的付出，卻往往無人問及。若沒有了強大的自信支撐，沒有人能夠忍受成功道路上的重重磨難，可以說失去了自信也就意味著失去了成功的可能。

自信先於行動。一般人察覺不到的東西，自信之人卻可以看得一清二楚。自信就像一名引路人，指引著我們一步步邁向成功。

年輕人要想成功，必須先要去除對自己前景的疑慮，滿懷信心上路。自信對任何人而言都是平等的，只要你願意，便可以擁有它。出身貧寒之人，只要擁有了自信，便可以擺

脫由出身帶來的桎梏，獲得一般人難以企及的成就。才華出眾的人也需要強大的自信，因為如果不能相信自己的能力，擁有再出眾的才華也是枉然，難以走向成功。可以說，一個人日後的成就有多大，基本取決於他自信心的強弱。功成名就者絕對不會是那些缺乏自信的人。

自信匱乏者就好比少了舵的船，在人生旅途上方向錯亂，一事無成。由於缺少戰勝困難的勇氣而選擇屈服，這樣的人永遠都只能扮演可有可無的小角色。所以，認定自己是個失敗者，是最糟糕的事情。事實上，只要你付出足夠的代價，就會得到相對的成就，命運其實是很公平的。我們要堅定信念，絕不能被失敗的思想控制。我們要懷有必勝的信心，無論遇到多少失敗與坎坷，都不能輕言放棄。只有這樣，才能將命運掌控在自己手中。因為，一個對成功極度渴望的人，最終才能贏得自己想要的未來。強大的自信心會幫他們喚醒體內無限的潛能，借助這種能量達成自己的目標。

有的人之所以做事會猶豫不決，原因就是缺乏自信。這會嚴重損害人們的精神品格。這類人自信心嚴重匱乏，責任對他們而言是無法承受的重負，因而，獨立作出重大決定，對他們而言幾乎是不可能的事，除非到了萬不得已的時刻。

在現實生活中，這類人到處可見，他們往往整天精神萎靡、自信盡失、萬念俱灰、面無表情、動作遲緩、消極怠工

等等。從表面上看，他們就像被抽掉了靈魂一樣毫無生氣，一陣風就能把他吹倒。要想讓這種人重振精神，絕非易事。想要成功的人，應該在別人心目中樹立良好的形象。顯然，這一點是那些精神萎靡、處世猶豫的人做不到的。這類人要想得到別人的肯定，為自己爭取到更多的機會同樣是不可能的。

能取得人們的認可與信任的，一定是那些自信滿滿、處世果決的人，他們更容易贏得成功的機會，也更有能力取得最終的成功。一個人若缺乏意志，膽小懦弱，遇事只懂逃避，那他所講的話便不會有任何說服力。這種人沒有成功的自信，也絕不存在成功的可能。年輕人一定要注意遠離這種人，因為精神萎靡就像傳染病一樣會四處蔓延。它會嚴重損害人們的工作生活，就算日後能夠重新振作起來，但已經造成的損失永難彌補。

不要再隨波逐流了，想要什麼，就勇敢地追求吧。只要我們有信心，無論什麼樣的目標都能達成。成功並不困難，我們只需做到自信努力便已足夠。面對未知的前程，艱難的現狀，匱乏的自信，我們要透過對自己的肯定重拾信心。自信承載的是成功的希望，只有它才能支撐人們在前景一片渺茫之際，信念堅定地走到最後。

不管鋼板多麼厚實堅固，只要炮彈的速度夠快，就能將

其射穿。同樣的，不管通往成功的道路多麼坎坷，只要有足夠的信心，就能走到成功的終點。困難面前，滿懷信心者絕不會臨陣退縮。

　　人生漫漫，任何人都有東山再起的機會。真正的失敗，是你認定自己是個失敗者，從此自信盡失，鬥志全無。這就是很多才華出眾者卻一生碌碌無為的原因。在做事之前或做事的過程中，想得太多並不是好事，因為這樣會使你變得自信不足，疑慮重重。失敗是很痛苦，但是自信會幫助我們熬過這段痛苦期，繼續前行。

　　只有自信才能將人類的潛力發揮至極限，取得意想不到的成功。自信能讓人們扭轉頹勢，反敗為勝。一個自信的人絕不會放任自己深陷失敗的深淵，不管要付出怎樣的代價，他都會讓自己站起身來繼續戰鬥。當你陷入失敗的沼澤難以脫身時，更需要有堅定的信心，因為只有它才能讓你重新看到光明的未來，重塑信心，再次踏上勝利的征途。

　　有了自信心，人們才能有勇氣、有毅力在前進的道路上不斷邁進。自信心有多大，它賜予我們的力量就有多大，我們在這力量下取得的成就便有多大。相反，膽怯猶疑卻能將人們的力量白白耗盡，一無所成。

　　我們的自信心一定要建立在開始行動之前，否則失敗便成為一種必然。不管現狀多麼糟糕，道路多麼曲折，只要我

們滿懷信心與希望，便能迎來嶄新的明天。

我們要永遠保持信心，不管是對自己，還是對別人，都應該信心滿滿。信心是我們前進道路上的領路人，並賜予了我們堅定的意志，強大的力量以及優秀的品格。一個人的自信心越強，就越能贏得別人的信任。

許多人羨慕菲利普・布魯克斯（Phillips Brooks）超凡的記憶力，甚至有人因此而崇拜他。他做任何事都是一副精力旺盛、胸有成竹的樣子，因為他秉持著這種信念，即絕對不質疑自身的能力。他的榜樣激起了年輕人的雄心壯志，促使他們充分發揮自身潛能，以一種勇往直前的精神去實現曾經遙不可及的夢想。對於那些蘊藏無窮潛力、應該放開手腳大有一番作為的人，布魯克斯警告他們千萬不要畏畏縮縮、甘於平庸，這將是可悲又可恨的。

能夠制定恰當的目標，又具備強大自信之人，方能取得成功。這種人是上帝的寵兒，他們是永遠的成功者，任何困難在他們看來都不堪一擊，任何失敗都會被他們狠狠踩踏在腳底下。

成功者對於自己的成功深信不疑，在這種自信的思想指引下，他們在事業的戰場上戰無不勝。有種無堅不摧的力量潛藏在他們的信念之中，拿破崙橫掃歐洲就是依靠這樣的力量，成功的實現，必須要有必勝的信心。

每個人都要對自己有信心，無論別人給自己的評價多麼低，都不能動搖自己的信心。懷疑自己也就是切斷了通往成功的大路。想要得到什麼，就暗示自己什麼，想要得到成功，就要有絕對的自信給自己成功的暗示。

» 自信創造奇蹟

自信能支持人們堅定信念，勇往直前，追求理想，其對成功所能帶來的影響，遠遠超過權力、財富等物質支持。

許多人會在認定自己缺乏某方面的天賦之後心灰意冷，隨即放棄在這方面的努力。然而，很多成功人士之所以會在某方面取得成功，並不是因為他們的天賦特別高，而是因為他們相信自己的天賦比別人高。有了這樣的信念，他們堅持不懈地付出努力，讓自己的能力在實踐中不斷獲得提升，最終成為這一行的佼佼者。

若將一支普通軍隊的統帥換成拿破崙，他傳達給將士們的精神力量，將會大大加強整支隊伍的戰鬥力。士兵對領導者的信心與軍隊的戰鬥力直接掛鉤，假如領導者的能力完全不能讓下屬信服，何談隊伍的戰鬥力？

自信能夠產生偉大的力量，無論是多麼普通的人，都能依靠強烈的自信心獲得成功；反之，若自信不足，再優秀的

人也會因為猶豫遲疑錯失成功的良機。

自信有多高，成就便有多高。若拿破崙在阿爾卑斯山下對自己的士兵說出這樣一句話：「山這麼高，我們怎麼才能過去呢？」那麼穿越阿爾卑斯山對這支隊伍而言，馬上就成為了一個不可能完成的任務。

自信決定成敗。成功從來只屬於自信之人，與自信相比，才能反而是其次的。

每個人都需要建立強大的自信心。要想贏得別人的信任，得到更多發展的機會，首先要自己信任自己。面對人生旅途中的坎坷、波折，有信心，有勇氣，迎難而上的人才是優秀的；反之，一個缺乏自信、優柔寡斷的人，在遇到困難時，總是習慣逃避，任由他人來決定自己的命運，這樣的人永遠也無法成功。

擁有強大的自信心的人會非常果敢，並能從容地應對生活中的任何波折。他們獨立自主，勇往直前，堅持用自己的雙手爭取成功。正是這種信念與行動，幫助他們成功贏得了他人的信任與尊重。

一個不夠自信的人，根本不會有成功的機會，這一點在所有成功者身上已經得到了驗證。綜觀古今中外，有哪個成功人士不是勇敢自信之人？在這個競爭殘酷的社會中，自信匱乏，膽怯懦弱的人勢必將遭到淘汰。

自信者行事果決，當機立斷，他們永遠不會放任良機白白溜走。想要成功的年輕人，就該如此。而一個自信匱乏的人，在任何情況下，都很難作出決斷。

愛默生說：「我們每個人有成功的天賦。」成功的機會對每個人而言都是均等的，只要我們能充分發揮自己的才能，認真度過每一天，終有一日會獲得成功。但是很可惜，因為缺乏自信，許多才華出眾的人終其一生都一事無成。也許我們出身卑微，沒有受過良好的教育，也沒有找到適合自己的工作，但是只要我們有信心，有毅力，勇敢堅持，就能擺脫惡劣的現狀，贏得嶄新的未來。

拿破崙的一支軍隊剛剛打完一場勝仗，一名士兵趕緊快馬加鞭去向拿破崙報告這個好消息。路上，馬因為過度疲勞而死，於是拿破崙便將自己的馬借給了這位士兵。

士兵說：「將軍，我只是一個小小的士兵，怎麼配騎您的馬呢？」

拿破崙嚴肅地糾正他說：「我們法蘭西的士兵，沒有什麼是配不起的。」

很多人的想法都跟這位士兵類似，他們堅信自己只是一個卑微的小角色，做不成什麼大事業。很多人一生甘於平凡，正是這種自卑心理作祟的結果。他們認為世間的一切美好都該由出類拔萃或特別幸運的人享有，而非像他們這樣的

普通人。這種根深蒂固的自卑念頭扼殺了無數人的前程。

在追求事業的過程中，自信的重要性要遠遠超過財富、權力等外在條件。它深深根植於我們體內，是最為強大的精神動力。

當然，除了自信之外，要想成功，還必須不斷付出努力。許多原本自信的人，在經歷挫敗以後會對自己的能力產生懷疑，這說明他們的自信心不夠堅定。在通往成功的道路上，要想不被挫折打倒，就必須培養最堅定的自信心，勇往直前，打拚到底。

偉人們在做事之前和做事的過程中，普遍保持著堅定的自信，他們不懼任何艱難險阻，一直奮鬥到勝利的終點。

居禮夫人曾說：「如果必須要做一片遭人踩踏的泥土，希望踩踏我的人全都是勇士！」如果一個人對自己都沒信心，如何還能奢望別人對他有信心呢？

» 樂觀主義者

兒子詢問作為農民的父親，所謂的樂觀主義者是指什麼樣的人。父親思考了一下，答道：「孩子，爸爸讀書少，也不清楚專家是怎樣解釋這個詞彙的，只能根據自己的理解來

告訴你。孩子，你對亨利叔叔還有印象吧？在我看來，他就是一個樂觀主義者。無論現實多麼沮喪，工作多麼艱難，他都不會喪失生活的勇氣，並對未來充滿希望。」

父親稍作停頓，又接著說道：「讓我來舉個例子吧。我覺得，冒著酷暑收割稻子實在是這世上最痛苦的工作了。但你的亨利叔叔卻完全不這麼認為，他還勸慰我說：『吉姆，別氣餒，這並不是什麼難事！你已經割完了兩行，要完成任務的一半，只需再割十八行就行了！』無論是誰，很難不受到他那種昂揚向上的精神狀態影響。我的沮喪隨即也一掃而空，覺得這份工作並沒有想像中的那麼糟糕。

在繁重的農活中，收割稻子還算是比較輕鬆的，比它更艱難的工作多得數不清。就拿撿石頭來說吧，農場裡的石頭多得跟星星一樣數不清，撿起來真是費勁！可是這件事又不得不做，要不然在滿是石頭的地裡，種什麼作物能生長呢？我們在耕田之前必須撿一次石頭，但通常都撿不乾淨，所以耕田的時候還要再撿一次。每回做完這些工作，手都會被磨破出血。

不過，孩子，你知道亨利叔叔是怎麼形容這項工作的嗎？在他看來，撿石頭真是太有趣了，儘管沒有人會同意他這個想法。記得有一次，我們辛辛苦苦忙了數日，終於把稻子收割完了。本來我還以為終於可以休息一下了，但是馬上

就被父親命令去田裡撿石頭。啊呀，我一聽這話都快哭出來了。我還想出去釣魚呢，這下全都泡湯了！可是，你的亨利叔叔居然高興地嚷起來：『太好啦！吉姆，又能去撿大金子啦！』」

「你明白金子指的是什麼吧？」父親說，「我們想像這裡就是一個大金礦，撿石頭就像淘金一樣，是一個多麼有意思的遊戲啊！站在田裡，就跟已經到了加州的大金礦一樣，撿一塊石頭就是淘到一塊大金子，再沒有比這更有趣更容易做的工作了！結果，那一天我們撿石頭的效率果然非常高。傍晚工作結束時，亨利說：『大功告成！不過，這些大金子就不用留了，我們以後還會有很多的！』我第一次發現撿石頭原來不是一件非常無趣的事。我們齊心協力撿完了全部的石頭，那種滿足感簡直無法用言語來表達！」

說到這裡，父親呼出一口氣，總結道：「孩子，我一開始就說過，我並不知道專家們是怎樣理解樂觀主義者的。對於這個詞彙，我所有的理解都來自你的亨利叔叔，我這一生再也沒有遇見過比他更樂觀的人。孩子，如果你也想成為他那樣的人，就要記住，不管面對任何困難，都要學會發掘並重視它好的一面。」

庫可是一個成功的銀行家，他在五十一歲時，財產總額已高達幾百萬美元，令人稱羨。可惜天有不測風雲，五十二

歲這年，他變得一無所有，並欠下大筆債務。然而，這並沒有擊垮庫可，他重整旗鼓，再次賺得大筆財富，還清了所有債務。朋友問他是如何戰勝困難的，他回答說：「最大的功臣是我的父母，在他們身上我學會了永遠保持樂觀，絕不容許自己深陷沮喪之中不能自拔。無論多糟糕的事情都有好的那一面，只要有心，就能發掘出來，所以我們要保持樂觀豁達的心態。我堅信，只要努力，便有希望。此外，不管在什麼情況下，都不能放棄工作，一定要堅持到底，不斷努力，這樣才有成功的可能。」

拿破崙自厄爾巴島逃回巴黎的消息傳來時，威靈頓公爵的一名副將趕緊去向醫生諮詢：「我還有多長時間的壽命？」醫生說：「你所患的結核病已經到了晚期，最多還有幾個月的壽命。」副將說道：「既然如此，我就將這幾個月的時間都用來征戰沙場吧！」他奮不顧身地再次上了戰場，滑鐵盧戰役過後，他的病情惡化，只好將肺部分切除。之後，他竟奇蹟般地將僅餘的幾個月壽命延長至幾年。

達納先生非常樂觀，儘管他已經辭世多年，但是人們仍然還記得他。達納先生辭世之前，雖然已經重病纏身，但是每天仍然堅持工作，並時刻保持良好的精神狀態。同事們見狀，忍不住勸慰他說：「雖然我非常敬佩您對工作的執著與熱愛，可是，達納先生，身體對您而言才是第一位的呀！

這項工作就算讓一般人來做都會很辛苦，更別說是現在的您了！這種時候，您要好好保重才是啊！」

誰知達納先生竟滿不在乎地說：「您是在懷疑我的能力嗎？那您真是太不了解我了，對我而言，工作才是第一位。只有一直保持工作狀態，才能讓我感受到自己的存在，我的生命才是有意義的。」

有一次，達納先生見到一位精神萎靡的老人，忍不住問對方：「您怎麼能夠容忍自己維持這樣的生活狀態呢？您最近還有沒有讀書或跟人交際的興致，是否連出來散步都懶得做了，過去的興趣也全都被拋諸腦後了？」老人答道：「一點兒也不錯，我現在只覺得了無生趣。」

「那您不妨跟我學習一下，」達納先生說道，「像我這樣一個時日無多的人，也從沒產生過自暴自棄的念頭。我每天都會按時上班，工作成績一點也不輸給其他同事。空閒時間我會散步、閱讀、跟朋友交流，做各種各樣自己感興趣的事情。在我看來，活一天就應該這樣認認真真地過一天，讓自己身心愉悅，充滿成就感！」

一位年輕人這樣開導自己怏怏不樂的朋友：「不管什麼事，總有其光明的一面，沒必要總是這樣愁眉不展！」朋友並不為他的話所動，無精打采地辯駁道：「我沒有找到光明的一面，只看到了一片黑暗。」達納先生回答：「那你就

努力把黑暗的那面打磨成一面鏡子，從鏡面上就能看到亮光了！」

一位博士曾講過這樣一個故事。波士頓街上有一個盲人，做著一些小本生意，艱難地維持生計。博士非常同情他的遭遇，認為一個生活如此困苦的人，必然會對社會充滿怨懟，想不到結果卻出人意料。這位盲人非常樂觀豁達，在提及自己的妻子時，更是滿臉洋溢著幸福的微笑。他說自己生活得很好，做小本生意賺到的錢，足以讓全家人吃飽穿暖，在這種情況下，還有什麼不滿足的呢？

要求一個身處困境中的人保持積極樂觀，的確很強人所難，然而真正的強者通常都會在這時表現出超人的能力。當所有人都對自己的選擇持反對意見，嘲笑自己的愚笨時，只有強者才能夠堅持己見，繼續為自己認定的目標努力奮鬥，最終度過眼前的難關，贏得事業的成功。

賽博是一名黑人，有一次他被人問及自己的年紀。賽博臉上洋溢著樂觀豁達的微笑，答道：「按照生理來說，我現在是二十五歲。按照閱歷而言，我的年紀已經超過了一百歲。」

銀行家約翰在英國金融行業赫赫有名，他說：「在這個世界上，光明永存。只要努力，就有希望。在追求光明的道路上，樂觀是必不可少的。只有永遠保持樂觀的心態，才

能發掘出生活的所有亮點，令自己以及身邊的人都得到快樂。」

一位少年斯科路奇，他成年之後，仍然保持著一顆童心。聖誕節這天，他興奮地告訴身邊的所有人：「啊，我覺得自己好像已經化身為會飛的天使，這種感覺真是太奇妙了！我心甜如蜜，快活得就像個孩子！希望每個朋友都可以像我這樣快活，希望所有人都能得到幸福！」

近來，鞋匠大衛的生意欠佳。於是，他便坐在自己的鋪子裡抱怨起來：「這間鋪子暗無天日，從沒見過半點陽光，我真是恨死這個地方了！」

「大衛，你怎麼會這樣想呢？」一個像從天邊飄來的聲音忽然傳入鞋匠耳中，「讓我來告訴你，如何讓你的鋪子陽光普照。你要學會擺脫煩惱，保持快樂，拋卻心中的一切雜念，滿懷希望，勤奮工作，和善待人，知足常樂。如果你做到這些，便會為你的鋪子，以及你全部的生活灑滿陽光。快樂將一直伴隨你，直至一生。」

這番話令鞋匠豁然開朗，他不再坐著抱怨，而是立即起身行動。鋪子很快便被打掃得乾乾淨淨，長年累月堆積的汙垢被掃除得精光。如被施了魔法一樣，陽光隨即照了進來，整間店鋪充滿光明。不僅是鋪子，連鞋匠本人也是面目一新，時時刻刻不忘綻放燦爛的笑容。

作為一個極有個性的男人，比利一直堅持自我，快樂生活。有人因此心生不滿，要挾道：「你再這樣張揚，當心被扔到桶裡關起來！」比利滿不在乎，說道：「就算待在桶裡，我也一樣可以感謝上帝，讓我的人生充滿美好和希望。」

羅傑斯（Samuel Rogers）是這樣評價霍蘭德勛爵（Lord Holland）的：「他似乎時時刻刻都在準備迎接意外之喜，笑容與他如影隨形，每天從早到晚，他沒有一刻不在微笑。」

樂觀的人是幸福的。打開心靈之窗，陽光普照之下，不但能為自己帶來快樂，也會影響身邊的人。古語有云：「心中的傷痛要用最管用的快樂丹藥來治療，身體的傷痛也是一樣。」不快樂的情緒會吞噬掉我們的靈魂，所以趕緊拋掉這些不快吧，讓快樂的情緒住進我們的心靈深處！

忘記痛苦是所有成功人士必備的能力。要讓自己保持樂觀的心態，就必須忘掉所有痛苦的往事。笑能給人勇氣與鼓舞，因此要努力讓自己時時歡笑，拋下滿身塵土，勇往直前，向成功邁進。要想重拾快樂，去欣賞一場精彩的表演，或者與孩子們盡情玩耍一番，都是不錯的選擇。此外，時常去鄉下漫步，呼吸一下新鮮空氣，體會當地淳樸的民風，對於擺脫憂愁，重拾快樂，也能發揮良好的作用。

要想認識一個人的精神世界，進而得知他到底有著怎樣的發展前景，只要注意觀察他的日常行為表現就可以了。例

如，他在什麼樣的環境中長大，現在又處於怎樣的環境之中；面對人生，他是持積極樂觀的態度，還是深陷悲觀消沉的情緒難以自拔。這些都會在他的日常言行中有所表現。一個極度消極，對未來完全缺乏信心的人，會在日常工作生活中將這種消沉的情緒表露無遺。這也預示著他必將失敗的前景。永遠都在憂心失敗的人，失敗對於他們而言便成為一種必然的結果。如果成功從來不曾在一個人心中生根發芽，那他最後又怎麼可能收穫成功的果實？反之，一個積極樂觀的人，則會以高昂的鬥志與滿腔熱忱迎接自己的工作與生活，其發展前景必將一片光明。

» 調整自己的心態

人類的身體與思維密不可分，具體表現在身體是思維產生的基礎，思維又指導著身體不斷行動。人類的情緒千變萬化。在一個情緒消極的人眼中，身邊的所有景物都黯淡無光。這時候倘若有突如其來的驚喜發生，便可以使其從消極的情緒中迅速跳脫出來。這種驚喜可能有很多種，例如重遇闊別多年的好友、與朋友去踏青郊遊、與戀人約會、共度美好時光等，都可以讓我們找回輕鬆愉悅的好心情。這時候，再將視線定格於周圍的景物，便會發現到處景致如畫，令人

心曠神怡。

　　人都是矛盾的綜合體。人們相信自己擁有足夠的才能，可以完全獲得成功，但是又覺得自己的缺點太多，擔心這將會對自己的成功造成極大的阻礙。很多人終日鬱鬱寡歡就是因為這個原因。事實上，根本沒必要為這件事擔憂。天底下並不存在完美的人，每個人都有不同的缺陷。人們若對成功有了足夠的自信，便不必再為自己的缺點憂心。因為缺點是可以改變的，只要有恆心，再大的缺點都可以變成優點，促進自己成功。

　　很多人之所以失敗，完全是因為心態的問題。他們一方面期盼脫貧致富，另外一方面卻不相信自己有能力做到這一點。自信之人方能成就一番事業，對自己的能力始終持懷疑態度，這樣的人永遠無法事業有成。

　　成功人士不管遇到什麼事都習慣往好的一面去想，他們有著強烈的創新欲，時刻不忘開拓進取。正是這種積極樂觀的心態，促使他們最終走向成功。

　　心態是由個人關注的點決定的。失敗者總是關注消極的一面，他們若想培養樂觀的成功者心態，就必須要強迫自己將注意力轉移到積極的方面。

　　現實總是帶給我們憂慮。一方面希望擁有財富，另一方面又畏懼爭取財富的過程。很多人之所以生活不順心，皆是

由心態問題引起。這種懷疑、畏怯的心態，是我們前進道路上的絆腳石，讓許多人終身都無法擺脫貧窮。要想脫掉貧窮的枷鎖，只能依靠自己。自怨自艾對改善生活現狀毫無用處，我們要做的只能是先接受現狀，再尋求改善現狀的方法。我們要有堅定的信念，堅信自己一定可以脫離貧窮。否則，擁有巨大的財富永遠都只能是空想。

苦難往往來自內心，痛苦總是源自消極悲觀的心態，而非困難本身。被消極心態控制的人，會將自己所要面臨的困難主觀擴大，讓自己在戰鬥開始之前，就已信心盡失。

你心裡在想什麼，眼中看到的便是什麼。心中充滿悲觀絕望的人，在生活中永遠看不到希望與美好。擁有這樣的心態，如何談論成功？從這個意義上來說，心態的成功是所有成功的先決條件。

從一個人對工作的態度就可以推斷出他日後的成就。未來的成功人士絕不會對自己的工作一味敷衍，不負責任。一個人的品性如何，從他的工作態度就可以得到大致的了解，因為性格與能力決定了人們的態度。我們選擇的工作是人生最終目標的一個組成部分，現有的工作態度，也就是對整個人生的態度。

一個輕視自己工作的人，對一切的人和事都不會有基本的尊重意識。做一份自己欠缺熱情與興致的工作，必然得不

到好的工作結果。在這種過程中，其才能得不到發揮，成功也就變成了不可能的事情。這種說法有很多人無法認同，理由是他們現在所做的工作並不是自己真正想要為之奉獻一生的事業，所以即使消極怠工也無所謂。持有這種想法的人並沒有意識到，人類之所以要工作，主要是為了獲得相關經驗，提升自己的綜合素養。

事業失敗者總是在憂心將來，抱怨現狀，殊不知他們的失敗正是由於這種消極的心態引起的。所有才能與努力，都會被消極的心態扼殺。

沒有人不夢想成功，但真正夢想成真的又有幾個？消極的思想禁錮了人們的行動，讓夢想永遠只停留在想的階段，而沒有勇氣付諸實踐。在工作中，這些人往往被很多不必要的擔憂控制，綁手綁腳，精神倦怠。這種工作狀態將使他們永遠被成功拒之門外，因為成功者必須具備這樣的條件：在工作中要有熱情，積極創新，保持效率。

努力發掘事情好的方面，並堅信事情將不斷走向更好，痛苦和疾病終會過去，正義和真理必將到來。唯此，我們才能對事情形成更全面、更深入的認識，養成積極樂觀的心態，信心百倍地邁向成功。

積極樂觀的心態會像陽光一樣照亮人們的生命。它會給人帶來快樂，並在快樂中加速邁向成功的步伐。每個人都應

努力培養這種心態,健康快樂地成長進步。成功者不會將抱怨掛在嘴上,這是弱者才會做的事。強者之所以成為強者,是因為他們一早便明白,軟弱哭泣毫無用處,只有踏實苦幹才是成功之道。弱者總喜歡怨天尤人,卻從來不從自身尋找失敗的原因。

我們不能抱怨自己的工作,即使覺得極度枯燥,難以培養興趣,至少不要厭憎。我們應自覺培養樂觀積極的心態,學會在自己不喜歡但必須要做的工作中尋找樂趣。要將成功大道走到底,就必須要有永不磨滅的熱情,對任何工作都一視同仁。工作絕無高低貴賤之分,不管一份工作有多普通,總有人在其中成就斐然。一個人能否成功,取決於他怎樣做,而不是做什麼。任何工作都值得我們用全部的熱情去將它做好。我們的人生最終會取得怎樣的成果,完全取決於我們自己。我們所做的任何一件小事都會在成果中有所顯示。

要想獲得成功,那麼從這一刻開始,對任何事都竭盡所能,毫無保留地付出一切吧!面對工作,永遠保持積極樂觀的心態,無論這項工作多麼普通,我們都能從中獲益匪淺。

與積極樂觀的心態相反的是消極悲觀的心態,被消極心態控制的人就好比身陷地獄。成功的大門永遠都對這些人緊閉著,因為他們看到的始終是事情最差的一面,他們永遠都不相信自己會取得成功,所以失敗便成了他們必然的結局。

消極悲觀的心態是人類懦弱的源頭。當人們受消極心態控制，對成功毫無信心之時，失敗便成為必然結果。很多愚蠢的決定，皆因決定者心態消極所致。這個問題該如何解決呢？當我們為糟糕的現實感到苦悶絕望時，不妨嘗試著暫時放下這件事，幫自己尋找一些輕鬆愉悅，從而幫助我們逐漸擺脫消極苦悶的心理。

消極悲觀的心態總會在人們寂寞空虛時產生，隨即而來的種種惡劣情緒，將對我們的心理健康造成極大的傷害，抑制我們對成功的渴望，最終將我們的鬥志磨滅殆盡。

心態積極樂觀的人，會憑藉自己的能力廣泛贏得人們的信任，進而使別人聽從自己的領導與指揮。這類人往往在第一次見面，就會將這種領袖能力展露無遺，給人們留下與眾不同的深刻印象。

成功需要很多的能力做支撐，其中之一便是積極樂觀的心態。假如不具備這樣的心態，無論怎樣才華出眾，也難以獲得成功。可惜大部分人都沒有注意到這一點，終日沉溺在悲觀消極的情緒之中，碌碌無為地度過自己的一生。

如何培養積極樂觀的心態，本應包含在我們對孩子的教育課程中。然而，事實卻並非如此，心態教育被專家們隔絕在孩子們的課程之外。很多年輕人走向社會以後，心態悲觀消極，不思進取，究其原因，正是當初在學校接受了失敗的

教育。

　　無論遇到什麼情況，都不要喪失自信，妄自菲薄。消極的心態，往往會在不知不覺間挫傷了人們的進取之心和創新能力。這種傷害起初並不起眼，但日積月累，最終將造成人生不可估量的巨大損失。

　　積極樂觀的心態對年輕人至關重要，有了它，便能克服所有消極情緒。有些年輕人在學校中成績優異，但工作以後卻接連碰壁，原因便是心態不夠樂觀積極，被消極的情緒所困。比起那些學生時代表現一般的同學們，他們對工作有著更高的目標與期待，一旦受挫，便倍感失落，甚至一蹶不振。真正有智慧的人會感激人生的缺憾，因為這些缺憾讓他們體會到更多、更深刻的道理。

　　積極的心態對創新能力的培養大有幫助。不要讓悲觀的情緒纏繞自己，努力讓自己變得樂觀積極，只有這樣才能培養更強大的創新能力，從而在工作和生活中取得更大的建樹。

　　要經常給自己這樣的暗示：我們已經變成了自己想要成為的人。這種心靈上的暗示會給人強大的動力，會加快理想實現的速度。要實現自己的理想，需要先在心中描繪出一幅完整的未來前景圖。有了這樣的藍圖做指導，終有一日，我們會將自己美麗的人生塑造成型。

要消除悲觀消極，就必須以樂觀積極取而代之。唯有這樣，才能走向成功。

人類社會需要不斷地發展進步，正如植物的生長需要土壤、光照、空氣和水，若是缺少了其中任何一項或幾項，植物便無法正常生長，甚至會導致死亡。若是人類缺少了前進的信心和勇氣，便會不可避免地走向滅亡。

在面對社會陰暗邪惡的一面時，積極樂觀的心態會使我們保持清醒理智，免受邪惡思想的影響。我們要堅決拒絕一切邪惡，萬萬不可給其乘虛而入的機會，否則，極有可能會抱憾一生。

» 要有美好的期待

一個對未來滿懷期待的人，會從這種期待中獲得巨大的動力，為實現自己的人生目標不斷奮進。

對未來滿懷樂觀的期待，是人生之中最有價值的事。那麼，何謂樂觀的期待呢？希望擁有最美好、最幸福的將來，這便是對未來最樂觀的期待。有了這樣的期待，人們便能在成功的道路上堅持不懈地奮鬥下去。

對未來強烈的期待會促使人們積極進取，最終實現自己預想中的美好前程。人們若期待事業有成，便會拚盡全力在

商場打拚；人們若期待流芳千古，便會竭盡所能造福社會。

很多自幼生活貧寒，身分低微的人都堅持這樣一種觀點：人世間所有美好的東西，都是給那些身分高貴的人準備的，自己根本沒有資格享受一分一毫。只有身分高貴的人才能住豪宅、穿名牌、吃美味佳餚。像他們這種身分卑微的人，一輩子都無法脫離自己的出身，無法擺脫貧窮的桎梏。若是一個人的內心充滿了這種自輕、自賤的思想，試問他如何還能有信心邁出通往成功的腳步？

成功永遠不會眷顧這類人：他們對自己毫無信心，對未來毫無期待；他們故步自封，不思進取；他們堅信世上一切的美好都與自己無緣。

可以說，人們有什麼樣的期待，便會有什麼樣的收穫。當然，在這個過程中，還需要堅定信念，不斷奮鬥，堅持到底。當人們對未來的成功有了強烈的期待時，首先要做的就是讓自己的信念堅定下來。一個總在質疑自己的能力，欠缺自信的人，絕對不會成為一名成功者。只有那些積極進取，大膽創新，樂觀向上，對未來充滿期待的人，才會取得最終的成功。

傑出的歷史學家法蘭西斯‧派克曼（Francis Parkman Jr.），還在哈佛上學的時候就已經立志將英國人與法國人在北美的發展史記錄下來。為了實現這個偉大的理想，他將生

命中所有的精力與財富，都毫無保留地奉獻出來。為了收集資料，他曾混入達科塔的印第安人中間，這件事嚴重損害了他的健康。在接下來的五十年中，他的雙眼每次只能支撐五分鐘的閱讀，超過這個時間，閱讀就便無法繼續下去。在這樣的情況下，他仍然保持著堅定的信念，竭盡全力朝著自己讀書時就已確定的人生理想前進。最後，他的獻身精神終於有了回報，寫成了一部在該領域中占據最高地位的歷史巨著。

作為一名英國十字軍戰士，吉伯特在征戰途中被穆斯林俘虜，成了地位卑微的奴隸。可是，他並沒有因此自暴自棄，反而透過自己的努力，成功取得了主人的信賴，和主人美麗的女兒的一顆芳心。在這段時間，他從未放棄過逃跑的念頭，在經歷了一次又一次的嘗試之後，終於成功逃回了自己的國家。對他芳心暗許的小姐執意追隨他，當時，她總共只會說兩個英語單詞：「吉伯特」和「倫敦」。她逢人便問「倫敦」，皇天不負有心人，她終於找到了一艘開往倫敦的大船，成功抵達了這座城市。在倫敦，她又用起了老方法，逢人便問「吉伯特」，最後總算找到了吉伯特的家。當時吉伯特已經靠著自己的才能闖出了一番事業，他在家裡聽見有人在叫自己，隨即透過窗戶向外觀望。當看清楚是那位美麗的小姐以後，吉伯特馬上出去歡迎自己風塵僕僕到來的戀人。

著名的作曲家韓德爾（George Handel）在少年時期被家人禁止接觸樂器，就連上學的機會也被剝奪。然而，他並沒有因此氣餒。每天半夜三更，他都會悄悄來到一處隱祕的閣樓，利用那裡一架廢棄的古鋼琴練琴。巴哈在少年時期，曾為了抄下自己所看的書，向人借蠟燭，結果遭到了拒絕。可他並不灰心，堅持在月光下抄書。著名的畫家韋斯特（Benjamin West）起初的練畫地點也是在閣樓上。沒有畫筆，他便偷偷拔了自家小貓身上的毛做成一枝畫筆。

那些對成功既期待又畏怯的人，基本上沒有獲得成功的機會。一個人若想獲得巨大的財富，就一定要克服心理上的矛盾與掙扎。想要獲得財富，便不能安於現狀，要勇於突破自我，面對前進道路上的一切艱難險阻。只有這樣，最終才能進入財富的殿堂。

大多數人在心理上都存在一種惰性，對改變現狀持畏懼態度，猶豫不決，不願採取行動。人們只有在戰勝了這種惰性以後，才能獲得成功。人們對於未知前程的恐懼，就是這種惰性產生的根源。當人們的內心被恐懼充滿時，想要獲得成功幾乎就變成了不可能的事情。要戰勝內心的恐懼與惰性，就必須要對未來懷有樂觀的期待。對健康生活的期待，對美滿家庭的期待，對高尚品格的期待，都將對人們走向成功大有幫助。

　　對於未來，很多人都持有樂觀的期待。他們擁有強大的自信心，堅信自己一定能夠成功，而且這種信念在任何情況下都不會絲毫動搖。他們是如此的積極樂觀，無形之中引發了某種未知而強大的力量。他們就是在這種力量的強大作用下，在通往成功的道路上勢如破竹。

　　要想將自己體內的潛能全都激發出來，就一定要對未來懷有積極樂觀的期待，對成功懷有極度的渴望。

　　不管在什麼情況下，都不要質疑自己的能力，因為只有那些信念堅定，對未來懷有美好期待的人，才有希望走向成功。要想將世人眼中難如登天的成功事業變得唾手可得，就必須要有樂觀的期待、必勝的信念以及頑強的意志。

第四章　熱忱的力量

　　成功的首要條件是要有目標。如果你的天賦是做鞋，那麼不妨將自己的目標設定為鞋業鉅子。我們要按照自己的才能優勢確定奮鬥目標，這樣才能保證其具有可行性，達到事半功倍的效果。事實證明，目標堅定者更容易取信於人，更容易取得成功。

　　一旦目標確定了，就要立即付諸行動，切忌將猶豫不決的惡習帶到行動的過程中，否則理想便將永無實現之日。

» 生活因樂觀而美好

愛蒂思在普茲茅斯大學就學期間是個朝氣蓬勃的女孩，同學們在學習或生活上遇到困難時，都會向她傾訴，尋求安慰及鼓勵。而愛蒂思小姐也從沒辜負過大家的信任，她的快樂感染著身邊所有的人，照亮他們心底每一個角落，她那如火的熱情能將所有人心中的火焰點燃。

樂觀積極、熱情洋溢的人能夠堅強地面對工作或生活中遇到的一切難題，因為他們擁有寬廣的胸懷。這些人在面對困難時反而更加興奮，他們自身的才能將得到充分發揮，並且這過程中還能開發出他們內在的潛力，這也是一種收穫。所以有人曾把飽滿的精神狀態比作免費的保健醫生，它使我們的身心都更加健康、舒適。

生存是我們不得不考慮的首要問題，而樂觀開朗的心態會使我們的生存能力顯著增強。良好的精神狀態有利於我們的學習及工作，所以我們應學會從生活中尋找樂趣，保持這種精神狀態。雖然名校畢業是一種優秀能力的展現，但生活中還有一種更難能可貴的能力，即對五味雜陳的生活始終保持樂觀的心態。良好的心態是修補心靈創傷的靈藥，能使我們的生活更有品質，所以我們應保持愉悅的心情、昂揚的鬥志，讓自己擁有良好的心態。

　　樂觀積極的心態可以幫助我們戰勝對困難及挫折的恐懼，使我們得以更快樂地生活。面對挫折與困難，不滿、抱怨及消極、失望都毫無用處，我們必須學會以積極樂觀的心態去面對。而這種心態的養成是一個日積月累、慢慢發展的過程。

　　年輕人的生活是不會缺少樂趣的，他們善於享受生活，對他們來說，生活本身就是一種樂趣。我們都不願看到孩子的臉上充滿憂傷、痛苦之色。一切都有規律可循，他們不會無緣無故變成這副樣子，必然有外界因素的影響。而年輕人理該生活在歡聲笑語之中，對其強加抑制的行為簡直等同於犯罪。

　　泰勒神父向他的朋友巴特洛博士道別時說：「盡情地笑吧，別讓離愁遮蓋了我們的笑顏，我希望再見面時，你仍然是笑容燦爛的模樣。」那些整天愁眉不展的人已經忘了該如何笑，也忘了笑容的力量，並且還聲稱這是做大事的人所共有的悲天憫人的特性。他們的生活態度嚴肅認真，生活對於他們來說毫無樂趣可言，一點不快就能將他們擊垮。他們也許真的體會到了生活的艱辛，但這種體會卻只是讓他們更加消沉。

　　那些心情愉快的人擁有良好的精神狀態。他們健康長壽，生活幸福美滿，他們往往都是成功人士，並且給予社會

最多的回饋。他們會以講笑話的方式來逗大家開心，把快樂帶給大家。這雖是一件微不足道的小事，但它的作用不容小覷。這些人是擁有大智慧的人，他們懂得以積極樂觀、豁達開朗的心態來面對生活，過著五彩繽紛的日子。其實我們每個人都過著相似的生活，之所以會有人感覺自己的生活枯燥無趣、苦不堪言，只是因為他們對待生活的態度消極、埋怨。如果我們能換一種積極熱情的心態來對待生活，那麼我們的生活將變得充滿樂趣。這就像給機器上了潤滑油一樣，一切的不愉快都能輕鬆轉過，和愛人的爭吵都變成溫馨的記憶。

「我命令自己以樂觀的心態去看待每一件事，例如在窗前掛上彩燈，屋子裡就會映出彩虹一般的美景。」瑪麗亞如是說道。樂觀、平和的生活態度是我們的寶貴財富，這種心態使得我們眼中的生活，永遠是快樂而又多姿多采的，我們因此而擁有健康的體魄、幸福的生活、完美的工作。

其實每一項工作都有其有趣之處。所以，別總是對工作心懷不滿，不妨換上一種樂觀的心態去看待它，你會體會到其中蘊藏的樂趣。而這種樂觀的心態是需要我們逐步去培養的，沒有人生下來即如此。只要你擁有熱情的生活態度及健康的體魄，那麼即使你沒有受過高等教育，也一樣可以過上幸福的生活。快樂和財富一樣，是可以持續累積的。我們應

樂觀、勇敢地面對艱苦的生活及糟糕的境遇，要相信陽光總在風雨後，任何陰霾都會過去。如果面對困難只會一味地怨天尤人，什麼努力都不去嘗試的話，永遠等不到雨過天晴的那一天。生活中總會有許多的不如意，比如壓力大、枯燥乏味、令人心情鬱悶，這些我們都得學會忍受。所以，讓自己過得快樂一點吧，試著微笑面對工作和生活，你的煩惱會少很多。如果你總是不開心，終日一副沮喪、呆板的樣子，人們會因為討厭看見你的倒楣相而遠遠地避開你。現代生活帶給人巨大的壓力，令人時常處於焦慮不安的狀態，我們的確需要以放聲大笑的方式來發洩。笑容是可以為我們排除煩惱的寶貴財富，就像一首詩中所寫的：笑一笑，我們將獲得平和的心境；生活是一面鏡子，我們對它微笑，它就對我們微笑；我們對它皺眉，它就對我們皺眉。那些不懂幽默的無趣之人，只會令身邊的人感到難受。

有一位心態相當樂觀的七十歲的老人，當別人說他已經到了日薄西山的年紀時，他斷然否決，回答說自己的身體和心態都像正午的太陽一樣。

一次，有幾位朋友聚在一起聊關於生死的話題。「我希望自己的生活每天都充滿歡聲笑語，直到我離開人世。」一位叫薩克的人說。而一位報社編輯在解釋自己為何不聘請超過五十歲的人時說：「這樣的人對自己的年齡太過在意，他

們整日拚命地工作，生活毫無樂趣可言，即使再有能力又如何？」

心態對商人來說非常重要。看看那些總是一臉嚴肅的商人，他們受到利益驅使，時刻都在計算著得失。即使在餐桌上，他們也是一副沉思的表情，一刻不停地思考著自己的生意，謀劃著個人利益。但只有那些心態樂觀的成功人士才能及時抓住機遇，而心態悲觀的人在面對機會時總是瞻前顧後，以致丟掉了原本應該屬於自己的生意。不同心態的人，就連看到同樣一杯喝了一半的酒，都會有不同的反應。樂觀之人會說：「太棒了，還有半杯。」而悲觀之人會說：「慘了，只剩半杯了。」其實任何事都是喜憂參半的，只不過充滿希望的人看到的是好的一面，而滿懷失望的人只看到壞的那一面。正因如此，樂觀之人過著陽光燦爛的生活，而悲觀之人的生活卻總是烏雲密布。

快樂的成長過程往往會對一個人的人生產生深遠的影響，這樣的人一般都擁有樂觀的生活態度。也許有些人會很反感孩子的吵鬧，更無法接受他們肆意地嬉戲玩耍，這些人極少微笑，更不會開懷大笑。但是他們有沒有想過，抑制孩子玩鬧的天性，會使他們不再擁有純真的心靈和開朗的笑聲，這是很悲哀的。

德國曾一度禁止人們開玩笑，只因為國王覺得戰爭是一

件殘酷的事情，應該嚴肅對待，而玩笑是有失莊重的。這樣的律法，如果放在今天，必定會遭到人們的嘲笑。想想沒有了歡聲笑語的世界會是什麼樣的？街上的行人全都神情嚴肅或者愁眉苦臉，孩童失去了天真爛漫的笑容，髒兮兮的臉蛋上掛滿淚滴。他們不敢追尋快樂，因為一旦露出愉快的笑容，他們就會受到處罰。這樣的世界是上帝所不允許的。

詹森博士勸告我們重視笑的力量，有意識地讓自己多笑一笑。多看一些雜耍節目和喜劇，對那些天生不愛笑的人是很有幫助的。這類節目可以使我們得到放鬆，生活的煩惱會在笑聲中被拋至九霄雲外。

大家都喜歡那些樂觀積極、充滿活力的人，他們陽光燦爛的笑容是忙碌的生活和擁擠的人潮中最美麗的一道風景。與溫柔、愛笑的人一起生活，日子將變得五彩繽紛。他們是無價的珍寶，能撫平我們的創傷，使我們重新變得精神煥發。在面對挫折時，我們總希望能從他們身上得到安慰與鼓勵，使我們重新燃起希望之火，堅定勇敢地走下去。

只要我們對生活充滿希望，努力付出，那麼貧窮與困難都將會過去，成功之門將向我們敞開。心地善良、笑容真誠的人更容易取得成功。在日常工作中，我們應該從正面去看待所接觸的人，多看看他的優點，這會使雙方合作得更愉快。性情友善、笑容明朗的人注定會成功，因為他們無論走

到哪裡都是最受歡迎的。

　　我們的生活不能沒有笑容，就如同一切生命都不能沒有陽光一樣。我們最珍貴的東西就是飽滿的精神狀態。心地善良之人能為他人帶來歡樂，他們自己也將獲得幸福。充滿活力的人能帶動他周圍的人，並且這種影響隨著他們的富有程度而增大，就這好比播種，撒下的種子越多，收穫就越大。

　　良好的心態有助於我們保持身心健康，創造幸福和諧的生活，所以，我們應該從小開始培養孩子安寧祥和的心境。並不是只有富可敵國的人才能過上幸福的生活，普通人也一樣可以過得很幸福。只要我們換一種心境來看待我們的生活，平淡的日子也一樣可以過得如美酒般甘醇。不同的生活狀態都是由我們自己決定的，有些人會以豁達寬容的心態來看待生活，而有些人卻總是眼光挑剔。我們應該盡量做到寬容，即便是面對自己最不能容忍的缺點，面對自己最不喜歡的人，也應該嘗試包容。海納百川，有容乃大。做到這一點以後，我們便可以在任何人身上找到可取之處，不管這個人有多麼差勁。

　　很多人具備把黯淡無光的生活轉變成多姿多采生活的能力，這種能力使得他們心情愉快、精力充沛，並能最輕鬆地克服遇到的一切困難。他能令身邊的所有人產生如沐春光的感覺，將這種明媚的陽光帶給他的每一位家人。他們極具感

染力的笑容能夠撥開人們心中的迷霧，驅散沮喪和憂鬱之情，這正是人性中最美好的一面。而那些總是沉浸在煩惱中的人，就彷彿是借了高利貸的人，他們的煩惱會持續不斷的增加，直至將他們死死纏住，再也難以擺脫。這種人不是想法固執就是根本沒有任何想法，他們往往會對人嘲笑挖苦、誹謗誣陷，使人如避蛇蠍般對他們敬而遠之。和這種人相處會令人感到侷促不安。

我們的表情並不是只與自己有關，因為它在顯露我們的內心活動的同時，也直接影響著周圍人的感受。對於一位領導者來說，能始終微笑著面對工作及生活，這種能力是一筆極大的財富。他們即使遇到很令人生氣的事也能保持愉快、平和的笑容，而絕不會露出滿臉怒意。他們的能力其實並不比別人強很多，但卻能夠取得成功，這讓很多人感到疑惑。他們的成功，源自他們真誠的微笑以及對他人的尊重，這使得人們都對他們信任有加，樂於與他們合作。只要你試著微笑面對生活，生活也會微笑著面對你。你將成為一個舉止優雅、心情愉快的人，並贏得他人的友誼及事業的成功，你的生活也將煥發出全新的光彩。

有一位充滿活力的女士，她的熱情能感染身邊的每一個人。她會對每一個幫助她或服務於她的人報以甜甜的微笑，因為她深知微笑的力量。人們都喜歡和她在一起，因為她令

人感覺愉快。人生的道路總是崎嶇而布滿荊棘，但是這些挫折、困難、失敗、迷茫都是可以越過的，只要我們能帶著自信的笑容去看待它們。微笑的表情可以帶給人春風般溫暖愜意的感覺。我們應該真誠地對待每一個人，而不是只對那些擁有財富或者地位的人如此。即使是派報童、電梯技師、汽車維修員這些平凡的人們，當你向他們微笑示意時，也能獲得愉快的心情。

世界是一面巨大的鏡子，曾有人這樣說道。有一位備受寵愛的小女孩，她覺得生活真是太幸福了，不明白為什麼會有那麼多人終日一副悶悶不樂的樣子。她之所以能得到大家的喜愛，是因為她有一顆充滿愛的心靈。她對周圍的一切都充滿愛心，花朵、小鳥甚至一草一木她都喜歡，並幸福地對它們耳語：「生活多美好呀！」但並不是每個人都有她這樣的生活態度。上帝教導我們不要對生活抱有偏見，不要總把事情往最壞的方面去想，而應該保持真誠、純潔的生活態度。做到這一點的話，一切事物都會主動向我們示好。我們從普通人的平常生活中，也能體會到幸福美滿、歡喜愉悅的感覺，關鍵是要有一顆平常心，懂得知足常樂。

人們都厭惡憂鬱及悲傷的感覺，而喜歡輕鬆愉悅的感覺。會給人帶來何種感覺，這對我們來說很重要。溫馨的感覺能夠輕易打動人心，而冷漠的感覺會使所有人都遠離你。

所以，趕快撥開那些破壞我們好心情的陰沉沉的烏雲吧，讓我們的生活充滿燦爛的陽光。

　　如果人人都能夠樂觀、微笑地面對生活的話，我們將每天都過著陽光燦爛的日子，並因此而變得充滿信心與力量。對我們來說，光明與黑暗，究竟哪一個的影響力更大呢？陽光是一切生命的源泉，它能賜予我們生命的活力。而黑暗會使人感到絕望，陷入深深的恐懼之中。那些充滿活力的人總是最受歡迎的，人們如同向日葵追逐陽光一般環繞在他們周圍。他們的熱情以及笑容能鼓舞身邊人的士氣，使他們重新找回信心與力量，擁有前進的勇氣。至於那些整天悶悶不樂、提心吊膽的人，他們只會令周圍的人感覺寒冷，所以自然也就遭到他人的冷淡對待。能夠擁有燦爛的笑容以及愉快的心情，這是一種真正的幸福與快樂。

　　人們所生活的環境在他們自己創造世界的同時，也在悄然發生著變化。那些心態消極悲觀的人，他們眼中的世界是充滿災難、陰暗並且毫無希望的。他們認為社會正在一步步倒退，世界遲早會毀滅。他們彷彿生活在常年不見陽光的黑暗地牢之中，黑暗牢牢地籠罩著他們的生活，無論他們如何不滿、抱怨也走不出這個牢籠。那些心態樂觀的人總能從積極的一面去看待生活，堅信黑暗終究會過去，光明即將到來。他們對待所有人都一視同仁、充滿善意。內心陰暗、舉

止醜陋的人是沒有前途可言的，他們終將自取滅亡。光明與希望只能寄託在那些積極樂觀的人身上，他們才是人世中真善美的化身。他們代表著一個社會文明發展的程度，他們是促進社會進步的中堅力量。消極憂鬱之人令自己的生活充滿各種難題，使得他們疲於應付。積極樂觀之人則懂得微笑著去面對生活中的一切問題。一張陰鬱拉長的臉是人們所不願看到的，因為會令人煩悶不安。而安寧祥和的笑容卻能帶給人內心的平靜，緩解他們生活的壓力，使他們找到一種安全感。

「別戴著有色眼鏡去看待生活。」這句話說得對極了。我們生活在一個神奇的世界，在這裡，每個普通事物都蘊藏著神奇的力量，包含著真理與科學。這種神奇的力量雖然藏而不露，但它的能量卻可以超越狂風暴雨，所以我們不能輕視它。

品德高尚、心態樂觀的人終將獲得成功，因為他們能夠理智地看待問題，並始終保持冷靜。其實世界的形態取決於我們看待它的態度。心態樂觀平和的人眼中的世界是美好的，他自己也會感覺到幸福；而消極憂鬱的人眼中的世界是彷徨無助的，他自己也只感覺到無邊的孤獨。的確如此，如果你身邊的一切事物都那麼美好，每個人都親切友善，你能不覺得自己很幸福嗎？如果你身邊的一切事物你都看不順

眼、心存怨恨，感覺每個人都是在故意為難你的話，那你的生活是絕不會有快樂可言的。這種人的生活中只剩下失落與憂鬱，在他們看來，這是一個人情淡薄、世態炎涼的黑暗社會。世界好似一個回音谷，它對我們的態度取決於我們對它的態度，它會將我們或感激、或怨恨的態度再悉數返還給我們。

» 強烈的進取心

航海羅盤在未被磁化之前，其指針會隨著地點的變化不斷發生改變，這種情況在它被磁化以後就會消失。到那時候，就像是有一種未知的力量在控制著羅盤，不管將它擺放到哪裡，指針的方向總是指向北方，完全不受所在地點的影響。

未被磁化的指針，就好像那些甘於平凡的人，在他們身上完全不存在那種未知的力量，亦即積極進取的精神。他們毫無追求，心甘情願地過著平庸的生活。那麼，我們的進取之心到底來自何處？究竟是怎樣的一種力量支撐著我們不斷朝目標奮進？進取心到底怎樣促成了我們最終的成功？

進取心到底是怎樣的？這個問題極少有人作出過認真的考量。進取心對人們的影響力很大，其本質就是宇宙的一大

奧妙所在。所有人體內都隱藏著進取之心，它就如同本能一般讓人難以覺察。人們要想掌握那種未知而強大的力量，就必須將這種進取之心喚醒。

人們是否能夠獲得成功，關鍵在於其是否具備堅定的意志與超強的進取之心。人們之所以能夠在面對困境時堅持奮進，原因就在於這兩種力量的支撐。它們是人類身上表現出來的強大的宇宙力量，絕非單純的人為創造。它們對於我們的人生影響巨大，許多人甘心捨棄良好的生活條件，讓自己吃盡苦頭，就只為得到這兩種偉大的力量。

每粒種子都有向上生長的本能。這種本能存在於每個生物原子之中，而一切生物原子都具有生命。這種本能所產生的巨大力量，促使種子發芽生長，最終開花結果。世間所有的生物也都是在這種力量的推動下，有條不紊地運行在各自的生命軌道中。人類體內自然也存在著這種力量。人們對於完美的追求，正是在這種力量的刺激下進行的。上帝賜予了我們這種力量，並賦予了每個人對它的使用權，但這並不代表它從此就將屬於每個人，不會再發生改變。事實上，如果將這種力量長期閒置，它便會自動離我們而去。對於一個懶散的人而言，這種力量同樣發揮不了作用。

人們要想獲得滿意的收穫，就應善於利用這種力量，不斷完善自己的人生。可惜，在大多數時間，這種力量都被很

多人輕視了。這樣的做法將使得人們的一生一無所獲。

我們要學會充分利用這種力量，不斷提醒自己，在成功的道路上絕不能有絲毫鬆懈，要獲得光明的未來，就必須馬不停蹄地奮鬥到底。人類的進取之心是不會停滯的，追求的目標也會隨之不斷提升。因為人類有著無窮無盡的能量，完全可以實現這些目標。顯然，人類文明現在所達到的高度是前無古人的，然而這並不代表我們就可以志滿意得，裹足不前。正所謂逆水行舟，不進則退。這種強大的力量會不時地鞭策我們，切忌為小小的成就便自鳴得意，前方還有更遠大的目標在等待著我們。我們將在這種力量的驅策下，不斷朝著更高的目標奮進。

一位學者曾說：「自信與理想指引著我們前進的步伐，在我們追求幸福的道路上發揮著強大的推動作用。」

梭羅說：「人們窮盡一生的力量追求同一個目標，豈料最終竟一無所獲。這種事情你聽說過嗎？不，你絕對不可能聽說過這種事，因為世間根本不會存在這樣的情況。人們在認定目標以後，堅持不懈地為之奮鬥，其才能必然會在這個過程中不斷得到提升。世間沒有一份努力是毫無收穫的。任何對美好理想的執著追求，最終都會有所得。」

在當今社會，我們不難看到這樣的例子：有的人一生下來就非常有天分，只要他們能利用好自己的天分，就能取得

不錯的成績。然而，他們最終卻一事無成，在一份平凡的工作崗位上庸庸碌碌地浪費了自己的一生。他們之所以會得到這樣的結果，原因就是沒有進取心，所以沒有用心接受教育，充分發掘出自己的潛能。薪水高低是他們對一份工作最大的衡量標準，這種人很難看到工作的真正價值所在，也不會用心去尋找適合自己的工作，並在其中傾注全部的精力，最終有所成就。人們受教育程度的高低，與其工作效率及最終的工作成果緊密相關。例如，一名技工要想工作稱職，就必須要接受專業的訓練，否則便很難勝任這項工作。

進取之心會對人們產生強大的激勵作用，幫助人們培養高尚的品格。用美好的品格取代惡劣的品格，是消除品格中惡劣成分的最好途徑。強烈的進取心，會促使人們不斷進行自我激勵，不斷追求更高、更遠的目標，這對於消除人們身上的惡劣品格和種種壞習慣是很大的助力。這會幫助我們將有利於惡劣品格和壞習慣成長的環境徹底破壞掉，這樣一來，它們自然而然就會從我們身上消失了。

人們要避免陷入墮落的深淵，最好的方法就是不斷朝著更遠大的目標奮進。進取之心不在強弱，它就如同希望的種子一樣，一旦遇到適合的生長環境，便會迅速地生長茁壯，開花結果。所以我們在得到這粒種子時，必須要提供它生長所必需的環境。否則，這粒種子根本沒法存活，當進取之心

消亡以後，我們的人生將會長滿荒蕪的雜草。

　　不少人覺得進取之心完全沒辦法培養，因為它的強弱根本就是與生俱來的。事實上，這種想法是完全錯誤的。很多人因此自甘平庸，不再努力，更是錯上加錯。進取心當然可以借助後天的努力培養，而且就算人們生來進取心強烈，若是不注意後天保持，也會在困境之中逐漸被侵蝕。一個人習慣辦事拖拉，或是逃避責任，都會對其進取心產生不利的影響。當然，強烈的進取心也可以透過良好的心理狀態培養起來。

　　很多人經常會感受到自己體內進取心的騷動，但是因為他們畏懼艱辛的奮鬥之路，所以總是沒有勇氣採取行動擺脫現狀，以滿足自己的進取心。時間久了，起初強烈的進取心漸漸減弱下去，最終消失不見。這樣的人，終其一生都不敢振作起來，勇敢追求成功，所以等待他們的結果只能是一事無成。

　　人們時常會聆聽到上帝的召喚：「努力吧，成功終會屬於你的。」所有生命的本能，都是竭盡所能地追求更高的目標，這同時也是自然界的運行規律。這種不懈的追求，使得毛毛蟲最終蛻變為美麗的蝴蝶，而醜小鴨最終長成了白天鵝。生物進化規律是不斷向上的，因而絕不會出現截然相反的現象，由蝴蝶變為毛毛蟲，或是由白天鵝退化成醜小鴨。

若員工們都能保持強烈的進取心，那麼他們與老闆的關係就由雇傭關係上升至親密無間的合作關係。

假如你聽到了上帝的召喚，便要作出選擇，而這個選擇將關係到你一生的成敗。要是你選擇無動於衷，那這種召喚便會逐漸減弱，直至最後消失。自然，你的進取心也會隨之消失；反之，要是你選擇接受這種召喚，奮起努力，那麼終有一日，你將迎來屬於自己的成功。因為，要成為成功者，就必須時刻保持旺盛的進取心，不斷在追求進步的路上前進，無論如何都不能有半分鬆懈。有位哲學家說：「沒有人會重視一個終日無所作為的人，在這個競爭激烈的社會，不思進取的人無疑會最早遭到淘汰。不要以為自己不追求做大人物，只需做小人物便可以高枕無憂。殊不知飽食終日，無所事事之人，連小人物都沒有資格做，等待他們的只有一敗塗地的悲慘結局。」

每個人都應記住這段話：

假如你認定自己是強者，

便要勇敢踏上強者的征途，

翻越無邊草原，

穿過無盡暗夜，

開拓出一片光明的未來！

» 熱情創造傑作

所有的藝術家或文學家在創作偉大的藝術作品時，都會被極為強烈的熱情驅使，終日寢不安席，食不知味，等到將所有的靈感都透過作品表達出來時，才能得到安然休憩。狄更斯說，自己在構思每一篇小說時，都會被其中的情節糾纏得異常痛苦，吃不下，睡不好；等到整篇小說完成時，這種情況才會告一段落。他曾試過整整一個月困在家中，只為斟酌該如何描繪小說中的某個場景。這段時期結束以後，他再出門時，看起來就如同生了一場大病，憔悴得嚇人。

蓋思特首次登臺時，便給人一種耳目一新的感覺。這時的她不過是個籍籍無名的新人，卻憑藉著自己在演唱時投入的巨大熱情，吸引了大批觀眾。對於唱歌，她有著無比狂熱的熱情，不惜將所有精力都傾注於此，以求提升歌唱技巧。她演唱的時間還不到一周，便成功征服了所有觀眾，從此走上了獨立發展的道路。

聞名遐邇的女聲樂家瑪莉布朗（Maria Malibran）能從低音 D，接連升三個八度到達高音 D，對此一名評論家極為讚賞。瑪莉布朗說：「為了能做到這一點，我可是花了不少心血呢！有一段時期，我無時無刻不在想著怎麼發出這個音來，穿衣服的時候，梳頭髮的時候，穿鞋子的時候，都在思

考這個問題。後來總算在穿鞋時找到了靈感，這可足足花費我一週的時間呢！」

　　曾經有一位傑出的演員對自己的工作傾注了極大熱情。有一回，他被一位不得志的牧師追問，如何才能吸引觀眾的注意力。他說：「我們之間有著很大的不同。面對觀眾時，我講的都是些虛構的臺詞，而你講的卻是顛撲不破的真理。為了取信於觀眾，我在說這些臺詞時，必須先從內心深處堅信它們全都是事實。你跟我卻正好相反，你在講那些真理時，態度含混，似乎連自己都不確認它們是否為真理，別人又如何相信你呢？」

　　愛默生曾說過：「熱情創造了人類史上所有偉大的事件。舉例來說，阿拉伯人在穆罕默德的領導下，不過只經歷了幾年時間，就建造了一個強大的國家，其疆域甚至超出了偉大的羅馬帝國。因為有堅定的信念支撐著他們的軍隊，縱使他們沒有盔甲裝備，也能與正規騎兵一比高下。甚至連女性也與男性一同上陣殺敵，將羅馬軍隊打得落花流水。他們的首領有著極高的威信，只要用手杖在地上敲一下，所有臣民便無人敢提出異議。他們的軍隊紀律嚴明，可以說是秋毫不犯，只靠自身落後的武器裝備，緊缺的糧草供應支撐到最後，在亞洲、非洲，以及歐洲的西班牙開拓了大片的疆土。」

　　若人們能夠集中全部精力，竭盡所能達成自己渴求的勝利，那麼就可以說明他已經擁有了極大的熱情。在創作《鐘樓怪人》的過程中，雨果正是在這種超凡的熱情驅使下，將所有外套都鎖起來，禁止自己外出，以求能全心全意地完成自己的工作。最終他依靠著這種熱情，完成了這本曠世名著。

　　為了研究解剖學，偉大的雕塑大師米開朗基羅足足耗費了十二年的時光，險些賠上了自己的健康。然而，有付出必有收穫。這十二年的艱苦訓練，為他日後所取得的偉大成就，打下了堅實的基礎。之後，他每次進行人體雕塑時，首先思考的便是骨架，其次才是肌肉、脂肪、皮膚。相較於這些，備受他人重視的服飾反而成了他最後才會思考的問題。在創作的過程中，他會將所有雕刻工具，如鑿子、鉗子、挫刀等全都用到。至於顏料方面的準備工作，他也絕不允許他人插手，從顏料的選擇到調配，全都由自己親力親為。

　　英國著名作家班揚（John Bunyan）的生活一直十分貧困，但他卻對宗教有著極大的熱情，一直堅持布道。小時候，他曾上過學，但是學到的一點知識卻在成年後全都被拋諸腦後，只能借助妻子的幫助，重新開始一點一滴地學習。憑藉著自己對宗教信仰的熱情，他最後終於寫出了傳世巨著《天路歷程》。

英國作家查爾斯‧金斯利（Charles Kingsley）曾這樣寫道：「對於年輕的人們表現出來的熱情，人們總是一面笑著讚賞，一面在心底反思，為何自己年輕時的熱情一去不復返？他們在遺憾與不解的同時，並沒有發覺，這種熱情的遺失其實是由自己一手造成的。」

但丁的滿腔熱情留給了後人龐大的精神遺產。丁尼生（Alfred Tennyson）憑藉自己的熱情，在十八歲時就已創作出自己的第一部作品，十九歲便獲得了劍橋金質獎章。

英國作家羅斯金（John Ruskin）說：「無論是在哪個藝術領域，最美好的成就都是由年輕的人們一手打造出來的。」英國政治家迪斯雷利（Benjamin Disraeli）也說：「所有驚世駭俗的壯舉都是飽含熱情的年輕的人們創造的。」美國政治家特朗布爾（Jonathan Trumbull Sr.）博士則說：「上帝統領著整個世界，年輕的人們親力親為創造了這個世界。」

偉大的藝術家在創作時的熱情會在其作品中展露無遺，無論是當時還是後世的欣賞者，都會在其中感受到一種神祕的氛圍，令人彷彿置身於作者當時所處的濃厚的創作氛圍之中。為貝多芬創作傳記的作家，曾經寫過下面一件事。

冬夜，我們沐浴著銀灰色的月光，行走在波恩的一條窄巷中。在經過一間小屋時，貝多芬忽然叫我停住腳步，說道：「是誰在彈奏我的 F 大調奏鳴曲，聽，彈得真好呀！」

　　當樂曲就要終結時，琴聲一下停住了，有人嗚嗚咽咽道：「我彈不下去了，這麼好的曲子，我卻沒能力彈好它。如果我們能去科隆聽一聽音樂會上的現場演奏就好了。」

　　「妹妹，別這樣了！」另一個聲音對她說，「現在我們連房租都交不起了，怎麼還能去聽音樂會呢？」

　　他的妹妹回答道：「我也明白這是不可能實現的。我只是在心裡想像一下，若真的能去聽音樂會該是件多麼美妙的事呀！」

　　這時，貝多芬對我說：「走，我們進去看看到底是什麼情況！」

　　「我們進去能做什麼？」我反問他。

　　「我要親自為她演奏！她是我的知音，她真正了解我的音樂，並深愛它們，所以我一定要親自為她演奏幾支樂曲！」這樣說著，貝多芬已經打開門進去了。

　　小小的房間裡，只見一名年輕男子正坐在桌子旁邊補鞋。另有一位年輕女孩，神情哀傷地倚靠著一架陳舊的老式鋼琴。貝多芬說：「打擾你們了。我在外面聽到琴聲，便不由自主地走了進來。不好意思，剛剛我不小心聽到了你們談話的內容。你們說想聽一下真正的現場演奏，正好我是一名樂師，就讓我來幫你們彈奏幾支樂曲怎麼樣？」

補鞋的年輕人說道：「謝謝您的好意！可是我們家的鋼琴太老舊了，更何況，我們兩個對音樂根本也沒什麼了解。」「怎麼可能？」貝多芬吃驚地叫起來，「這位小姐⋯⋯啊⋯⋯」到這時，他才發覺那個年輕女孩居然是個盲人，極度驚訝之下，不禁有點張口結舌。他努力穩定了一下情緒，才又說道：「真是不好意思，我太冒昧了。這麼說您是完全靠聽覺學習音樂的，對嗎？可是剛剛聽您說過，您並沒有去聽過音樂會，那麼您是從什麼途徑學來的這些音樂呢？」

女孩說道：「先前我們曾在布魯塞爾住過兩年。在那段期間，附近有位夫人時常會彈鋼琴。夏天，她總是開著窗，我便到她的窗下聽她彈鋼琴，就這樣學會了這些曲子。」

聽了她的話，貝多芬便來到鋼琴面前坐下，開始彈奏。我從未見過貝多芬像今天這般全心投入去彈奏一支曲子，連那架陳舊的鋼琴都像是被他的熱情點燃了。在悠揚的樂曲聲中，那對兄妹完全沉醉了。忽然之間，房間裡唯一的蠟燭熄滅了，月光透過窗戶照入房間，傾灑了一地。貝多芬驟然停下來，埋頭苦思起來。

「簡直太不可思議了！」年輕人低聲讚嘆起來，「請問您到底是誰？」「你仔細聽聽。」貝多芬一面說著，一面又彈奏起 F 大調奏鳴曲一開始的幾小節。年輕人忽然反應過來，驚喜地叫道：「您是貝多芬！」這時，貝多芬已經起身，看

樣子是要離開了，年輕人急忙挽留道：「請您再為我們彈一支曲子吧！」

貝多芬說道：「我馬上要以月光為題創作一首奏鳴曲。」他專注地望著蔚藍的天幕，寒冷的冬夜，萬里無雲，唯見一片星光燦爛。他望了一會兒，又坐回鋼琴旁邊，開始彈奏一支嶄新的樂曲，其中浸透著濃濃的哀傷與深深的愛意。緊接著是一段三拍的過門，輕靈優美，彷彿美麗的仙女在翩翩起舞。最後是激烈奔放的尾聲，緊張得扣人心弦，讓人情不自禁地產生一種感覺，覺得像在被某種未知的恐慌帶離現實，身心與奇妙的幻想融為一體。

一曲終結，貝多芬站起身來與他們道別，隨即走向門口。「您還會再來嗎？」兩兄妹不約而同地問道。「我會再來幫忙指導這位小姐，」貝多芬匆匆說道，「但是現在我必須得離開了。」接著，他轉而又對我說：「趁著這支曲子我現在還能記得住，我們一定要快點回去，把它寫下來。」於是，我們急忙趕了回去。在黎明到來時，貝多芬終於將《月光奏鳴曲》的曲譜完整記錄了下來。

由此可見，要想取得一番成就，熱情是必不可少的。

» 熱情驅動人生

莎士比亞說：「從事極為辛苦的工作，能帶給一個人莫大的快樂。」

羅威爾（Percival Lowell）說：「一個人能否為真理作出最徹底的犧牲，是證明其人品正直與否的唯一標準。真正徹底的犧牲並不是隨口一說，或是物質上的付出，而是不惜犧牲生活的全部，心甘情願地對自己所信奉的真理俯首稱臣。」

菲利普斯‧布魯克斯（Phillips Brooks）說：「每個人都應該對那些能夠充實我們生活的美好事物懷有高度的熱情。對那些無上高貴，能為我們帶來驕傲與榮耀的事物懷有深深的敬慕。永遠都不要讓自己的熱情冷卻。」

巴黎一間美術館中，擺放著一尊出自一位無名藝術家之手的美麗雕塑。這名藝術家的生活極為窮苦，工作場所就是閣樓上的一個小房間。有一天，這座城市的氣溫突然降至零度以下，而他這件作品的黏土模型眼看就要完成了，為了不讓模型裂縫裡的水受凍結冰，扭曲了整個雕塑的形狀，藝術家於是脫下自己的衣服幫雕塑保暖。第二天早上，藝術家被凍死了，幸而他的模型完整保存了下來。後來，人們根據他的模型創意，創作了這尊美麗的大理石雕像。

亨利・克萊（Henry Clay）是美國著名的政治家，他曾說：「每當有至關緊要的事件發生時，我都會忘卻周圍的一切，將所有精力都集中於這一件事，完全不理會其他人對此作何反應。在那段時間，我完全感受不到時間的流逝，外界環境的變化，以及身邊人的意見。」

有位出色的金融家說：「在一名連做夢都在想著如何經營管理銀行的總裁的領導下，一家銀行才有可能成為同行之中的佼佼者。」只要傾注了百分百的熱情，再乏味無趣的工作也會變得異常有吸引力。

熱戀中的人們的感覺會比旁人更加敏銳，能夠觀察到自己戀人身上不為人知的長處。同理，被強大的熱情驅使的人們，感覺也會敏銳得超出常人。他們總會在痛苦之中發掘出被其他人忽視的美好，不管工作多麼枯燥，生活多麼貧困，前進的道路多麼艱難，他人對自己施加的壓迫多麼強烈，都不會損害他們對工作和生活的熱情。

作為英國著名的政治家，格萊斯頓曾說：「激發出孩子們體內隱藏的熱情，是意義最為重大的一件事。」所有孩子體內都隱藏著成功的潛能，不管是聰明的孩子，還是遲鈍的孩子，無一例外。只要能激發起他們的熱情，就連那些頗顯遲鈍的孩子，也會發揮出巨大的潛能，在成功的道路上勢如破竹。

　　發動一場戰爭，普通人會準備一年的時間，而拿破崙只需準備兩周。拿破崙對於戰爭非凡的熱情，造就了這種巨大的差別。他曾率軍翻越阿爾卑斯山打敗了奧地利人，奧地利人在慘敗之際，對自己的敵人發出了這樣的驚嘆：「他們根本就不是人，而是會飛的猛獸！」首次遠征義大利時，拿破崙在十五天內連勝六場，將皮埃蒙特地區據為己有，並繳獲軍旗二十一面，大炮五十五門，戰俘一萬五千人。對此，一名戰敗的奧地利將領憤然說道：「這名指揮官年紀輕輕，有勇無謀，一切全憑自己的直覺，根本不理會用兵之道，簡直是個軍事白癡！」然而，拿破崙手下的士兵卻並不在乎這些。他們從來不擔心失敗，只是懷著無比的熱情，在指揮官的領導下勇往直前，百戰百勝。

　　聞名於世的一位大將軍曾說過：「在戰爭中，能否全心全意地投入作戰，是一支軍隊取勝的關鍵所在。這一點是被無數重大戰役檢驗過的真理。」

　　納爾遜是英國一名出色的海軍將領。有一次，他在戰爭中陷入險境時，曾發出這樣的感嘆：「若是我在這次的事件中不幸遇險，人們將會在我的心上發現『急需軍艦』這四個大字。」

　　身為法國偉大的民族英雄，聖女貞德利用自己無比堅定的信念，以聖劍與聖旗激發了法國軍隊對贏取勝利的熱情。

這是連法國國王與朝中重臣都難以完成的任務，聖女貞德卻做到了。最終憑藉著這種熱情，法國軍隊一路過五關斬六將，贏取了偉大的勝利。

克里斯多福・雷恩（Christopher Wren）小時候身體非常虛弱，父母對此很憂心。然而，他成年之後卻精力旺盛，直到晚年依然精神矍鑠，一直活到九十多歲才去世。正是他對建築行業無比強烈的熱情，才賜予了他充沛的活力，完成了無數偉大的建築作品。

人類缺乏熱情將會為其帶來損失，軍隊在戰爭中難以取得勝利，藝術家在創作中難以有流芳百世的佳作問世。世上將再也不會出現動人的樂曲，優美的詩歌，恢弘的建築。人們將無力去利用自然，改造自然，無力對社會的發展作出應有的貢獻；反之，巨大的熱情會創造前所未有的奇蹟。它使得伽利略發明了望遠鏡，讓全世界都湧到眼前來；它使得哥倫布戰勝重重危難，最終能盡情在巴拿馬群島涼爽的清風中沐浴徜徉。有了熱情的幫助，人們才贏得了自由，才創造出無數文明成果，引領人類社會發展到今天的地步。所有偉大的作家，如莎士比亞、米爾頓（John Milton）等人，也都是在熱情的驅使下，才創作出了人類文明史上的傳世佳作。

美國傑出的社會活動家霍勒斯・格里利（Horace Greeley）曾說：「世上最大的成功屬於那些才能出眾，並且對自

己的工作擁有熱情的人們。」

一位政治家也說：「能讓人們高效率工作的最大動力就是熱情。」

矢志不渝地追求自己的理想，是美國人的天性。這種執著的品性在五十年前尚未出現，直到今天仍未獲得全球普及，但在美國與澳洲兩個民族之中卻廣泛流傳開來。這兩個國家的人們都堅信：只有將全部熱情都傾注於同一件事，才有獲得成功的可能。現在，這種從前只有少數偉人才持有的信念得到了越來越多民族的肯定，成為促使其不斷走向進步的一大動力。

三個人在玩遊戲，遊戲規則是，在紙上寫出自己最喜歡的朋友的名字，並且要對喜歡他的理由做出說明。

第一個人對自己的答案給出了這樣的解釋：「他為人積極樂觀，活潑開朗，每次見到他都精神奕奕，讓周圍的人對生活都充滿了希望。」

第二個人的解釋是：「無論做什麼事，他都會竭盡所能做到最好。」

第三個人的解釋則是：「他在做所有事情時都能傾注全部精力。」

這三個人都在英國幾家大型雜誌社中擔任記者的職位，

他們相交滿天下，足跡差不多遍布全球。在大家的答案都公布以後，他們赫然發現三人最喜歡的朋友竟然是同一人——澳洲墨爾本市一名出色的律師。

要用思想點燃人們內心深處的生命之火，便一定要以巨大的熱情，充滿人性的語言，將這種思想表達出來。在古老的傳說中，佛里幾亞國王戈耳狄俄斯（Gordius）專門打造了一個難以解開的結，由征服亞洲的勇士親自來解，結果多年未能如願。終於，這個難解之結被年輕熱情的馬其頓國王亞歷山大揮劍斬斷。

沒有人能抗拒一個熱情滿溢的年輕人。這些年輕人堅信自己擁有光明的前程，即便中間遇到挫敗，也只是暫時的，很快便可以雨過天晴，迎來更輝煌的未來。「失敗」一詞從來不會在他的字典裡出現。在他看來，自己就是全世界最偉大的中心，之前人類所經歷的一切發展歷程，全都是為自己的誕生而做的準備。

年輕的海克力斯正是憑藉著無人能及的熱情，最終才完成了十二項英雄偉績。年輕的人們永遠充滿熱情，面朝陽光，讓影子落在背後。相對於受理智支配的中年人，他們完全聽命於自己的心意。在歐洲文明萌芽的階段，亞洲人大舉入侵，最終戰勝他們，保衛本國疆土的正是年輕的亞歷山大。在將整個義大利攻陷時，拿破崙還是個二十五歲的青

年。那些英年早逝的偉人們，諸如在三十七歲時便已離世的拉斐爾和拜倫，二十五歲離世的濟慈，二十九歲離世的雪萊等，都是在年紀輕輕時便已享譽盛名。二十歲時，羅慕路斯（Romulus Augustus）便創造出了羅馬；未滿二十五歲，牛頓便已有了多項備受矚目的發現；二十五歲時，馬丁路德便在政治改革方面創立了不朽的功績；二十一歲時，查特頓（Thomas Chatterton）的才華在所有英國詩人之中已無人能及；還在牛津讀書時，懷特腓德（George Whitefield）和衛斯理（John Wesley）便發動了聲勢浩大的宗教復興運動，未滿二十四歲，懷特腓德的大名便已傳遍英國；十五歲時，雨果已經開始寫作悲劇，未滿二十歲，便已獲得法蘭西學院的三項大獎，被人尊稱為「大師」。

無數偉人都未能活到四十歲，但其成就卻彪炳千古。現代社會是由飽含熱情的年輕人統率的時代，相較於以前的年輕人，他們擁有更多成功的機會。無上的熱情會驅使他們努力打拚，最終走向成功，讓所有平庸小卒都甘心拜服在自己腳下。

熱情並非年輕人的專利，即便是老年人也應該對生活充滿熱情。格萊斯頓在八十歲時，仍然握有強大的權力，對整個國家都有著無可比擬的影響力。相對於那些激情四射的年輕人，他無疑擁有更大的熱情與活力。老年人所能獲得的尊

敬，源自他對生活的熱情。面對一個白髮蒼蒼卻依然以飽滿的熱情迎接每一天的老年人，試問誰能不對他持有深深的敬意？

偉大的詩人荷馬在年紀老邁，且雙目失明之際，仍然堅持創作了流芳百世的史詩巨著《奧德賽》。一位隱居世外的老人彼得，以自己的熱情感染了英國騎兵，使他們重拾鬥志，打敗了伊斯蘭軍隊。八十歲的威靈頓將軍，依舊時常參與軍事要塞的規劃修建與視察工作。身為威尼斯總督，已是九十五歲高齡的丹多洛（Enrico Dandolo）照舊征戰沙場，所向無敵，九十六歲時，人們推舉他做國王，遭到了他的拒絕。在彌留之際，英國哲學家培根，德國著名的學者洪堡（Alexander Humboldt）依然在潛心學習。晚年罹患痛風的著名思想家蒙田（Michel de Montaigne），始終保持著對生活的高度熱情，思維敏捷，反應迅速。

五十八歲時，笛福（Daniel Defoe）才寫成了《魯賓遜漂流記》；近七十歲時，伽利略才將自己研究的運動定律撰寫成了文字；七十五歲時，約翰遜博士才完成了自己最優秀的作品《詩人列傳》；八十一歲去世前夕，柏拉圖仍在堅持寫作；八十三歲時，牛頓還修訂了自己寫的《自然哲學之數學原理》一書；八十六歲時，湯姆·史考特（Tom Scott）才開始學習希伯來語；八十五歲時，詹姆士·瓦特（James Watt）

還在堅持學習德語；八十九歲時，薩默維爾（Mary Somer-ville）夫人才完成了《分子和微觀科學》；九十歲時，洪堡在離世的前一個月寫成了《宇宙》。

三十五歲時，伯考（John Bercow）才當選為國會議員，後來其影響力遍及整個世界；四十歲時，格蘭特（Ulysses Grant）尚是一名無名小卒，四十二歲時，已一躍成為聞名於世的大將軍；二十三歲時，伊萊·惠特尼（Eli Whitney）才開始讀大學，三十歲時，他自耶魯畢業，但這並不妨礙他發明出造福整個美國南方工業的軋棉機。

七十五歲時，帕麥斯頓（Henry Palmerston）第二次出任首相一職，最終在八十一歲於任職期間去世；七十七歲時，伽利略的身體狀況非常差，雙眼也幾乎已經看不見東西了，在這種情況下，他依然堅持工作；成年後的喬治·史蒂文生（George Stephenson）才開始學習寫字；過了七十歲，惠蒂埃（John Whittier）、朗費羅、丁尼生的很多巨著才開始落筆，最終圓滿完成。

六十三歲時，英國詩人德萊頓（John Dryden）才開始翻譯維吉爾（Vergil）的《艾尼亞斯紀》；六十歲以後，羅伯特·霍爾（Robert Hall）才開始學習義大利文，只為能閱讀但丁的原著；五十歲過後，著名的詞典編纂家諾亞·韋伯斯特（Noah Webster）又掌握了十七種語言。

一位偉人曾說過：「人就好比酒一樣，美酒會歷久彌香，而劣酒一旦存放時間長了，便會變質，發出一股惡臭。我們要想做一瓶美酒，便要對世間萬物保持熱情。就好比北歐的土地被墨西哥灣湧來的大西洋暖流潤溼一樣，熱情會幫助我們持續滋潤自己的心靈，即使到了白髮蒼蒼的老年時代，依然能維持一顆年輕向上的心。問問你自己的心，是不是已經垂垂老矣？假如答案是肯定的，試問你如何還能利用這樣一顆心去爭取事業的成功？」

》 做事要當機立斷

阻礙成功的壞習慣之一，是拖延時間，它應引起人們足夠的警惕。人們應該努力做到這一點：今天可以完成的任務一定要在今天做完，千萬不能拖延到明天。

現代社會處在飛速運轉的軌道之中，因此我們無論做什麼事，都應該當機立斷。不管事情多麼複雜，都要及時準確地對其作出判斷。成功不會屬於那些做事遲疑、瞻前顧後的人。做出重要決定之前，確實需要進行多方面的考慮，但在高速運行的社會中，機會往往一閃即逝，大多數時候我們根本沒有仔細考慮的時間。基於這種情況，我們允許自己作出錯誤的決定，但絕不允許自己猶豫不決，錯失良機。

　　在《小領袖》一書中，描繪了幾個處世猶豫的人：「一個人家門前長著一棵樹，將視線都擋住了，所以這個人就想把樹砍掉。但是，這個在他小時候就已經存在的念頭，一直等到他變成白髮蒼蒼的老頭子時，還沒有被付諸行動。有一天，他拄著枴杖走到這棵已經長得很高的樹底下，自言自語地說：『是時候拿把斧頭過來了。』另外一個是藝術家，當他還是個年輕人的時候，便對朋友說自己要畫一幅世間最美麗的聖母像。隨後，他放棄了全部工作，每天專心致志地構思聖母像。然而，直到他死的那一刻，這幅畫仍停留在構思階段，連一筆都沒畫出來。他將自己的人生全部浪費在空想中，最終一事無成。」與之形成鮮明對比的是這樣的人，他們想做什麼便馬上付諸行動。在行動的過程中，他們鬥志昂揚，勇往直前，成功對於這樣的人而言便如探囊取物。成功沒有捷徑，只有不遺餘力地去做，才有成功的可能。

　　我有一位朋友，他除了做事優柔寡斷外，可以算是一個完美的人。然而，很多人就是因為他的這個缺點，不能對他產生信任感。他做任何事都會給自己留有退路，從來不會斬釘截鐵地確定一件事。舉個例子，他每回寫信都要等到郵寄出去的前一秒鐘才肯將信封起來。有時，他只是因為要修改幾個字，便將已經封好的信又拆開來。更有一次，他已經將信寄出去了，忽然又覺得信中有不合適的地方，於是急忙打

電話給收信的朋友，要求他收到信後不要拆開信封，務必將信再完完整整地退回來。做事認真只是他的表象，極度缺乏自信才是他做出這一系列舉動的原因。

有一位女士，因為才能出眾而廣受人們的尊重。可惜，她同樣也有優柔寡斷的惡習。她會為了買一件衣服，跑遍所有商店，把所有款式全都看過、試過，並翻來覆去進行比較。可是，她連自己的喜好和心理價位都確定不了。即便這樣大費周章，還是猶豫不決，做不了決定。徒讓店員嫌惡自己，最後仍是一無所獲。

這位女士對衣服的要求很高：太薄了不行，太厚了也不行；太暖和不行，不暖和也不行；夏天可以穿還不夠，要冬天也能穿；山區可以穿，海邊也可以穿；去教堂可以穿，去看電影也可以穿。一件衣服怎麼可以同時滿足這麼多要求呢？與其說她這是正當要求，不如說是心理疾病。即便有朝一日，能滿足這些要求的衣服真的出現在她眼前，她也會為買還是不買猶豫不決，結果仍是空手而歸。那些沒有主見、只會按部就班地完成他人吩咐的人，是不可能成功的。遇事瞻前顧後、猶豫不決只會讓你喪失主見，徒勞無功。而那些富有創造力和經營能力的年輕人總是最受歡迎的。他們思想獨立、有創意、愛鑽研，並且擅長經營管理。他們在現實生活中勇於嘗試，給人類帶來福音，既促進了人類社會的進

步，又成就了自己的美名。

　　人類最可悲的並非居無定所、三餐不繼，而是凡事畏首畏尾、猶豫不決。凡事畏首畏尾的人，做任何事都要徵求別人的意見，從來都不能獨立作出決定。像他們這種連自己都不信任的人，何談贏得他人的信任？許多人窮盡一生都無法實現自己的理想，原因就在於此。這種人在我們的生活中有很多，嚴重者甚至到了不可思議的地步。他們極度膽怯，連承擔一丁點責任與風險的勇氣都沒有。不管面對多小的事情，都不敢一個人做決定。這種人極度缺乏責任感，他們對自己的前途缺乏基本的判斷力，完全沒有自信心，因此不敢對任何事情負責任。最終將導致他們的失敗，事實上，這也是很多人失敗的共同原因。

　　很多人無法成功的一個重要原因是缺乏自信，遇事畏首畏尾。這種現象在年輕人中很常見。他們凡事瞻前顧後，即使計劃得十分周詳也不敢有所行動，最後只能眼睜睜地看著機會溜走。就算是邁出了行動步伐的人也不敢放手去做，他們凡事都拿不定主意，總四處徵詢別人的意見，結果把自己弄得很累卻毫無所成。

　　一個人若想讓自己的品格盡善盡美，就必須克服畏首畏尾、猶豫不決的缺點。一個做事猶豫不決的人，很難準確地對事情作出分析判斷，因而也不會具備堅持自我的勇氣和信

念。猶豫不決的人就好比失去了舵的船，完全找不到奮鬥的方向。成功的彼岸對這類人而言，永遠都遠在天邊，無法抵達。只有擺脫猶豫不決的惡習，最終才能贏得成功。每一位成功人士在工作時都具備直截了當、雷厲風行的風格。我們做任何事都不能馬虎敷衍，必須先將事情研究清楚，做到對一切都有把握，這時應即刻著手去做。我們與人談判時就應如此，一旦目的達成就立刻結束談判，不在只需十五分鐘的事情上花費一個小時的時間。

任何渴望成功的人，都應從這一刻開始，拒絕拖延時間，雷厲風行地行動起來。

一個人若習慣於當機立斷作出決定，沒錯，他們有時會在事後發現自己的決定存在錯誤，並因此遭受損失。但是，這種損失遠遠比不上他們從當機立斷中獲得的益處。嘗試未必就能成功，但不嘗試必然不能成功。

猶豫不決是走向成功的一大障礙。那些想要成功的人，不管用什麼方法，都要將這個障礙清除。否則，它便會擋在你的成功大道上，讓你的努力化為泡影。若你不想有朝一日被它消滅，就要趁著現在它還沒有膨脹到不可控制的地步時消滅它。

不過，在非常複雜的情況之下，就必須考慮各方面的因素，小心謹慎地作出決定。同時要注意，不要因此錯失良

機。作出決定以後，便要馬上付諸行動，切忌將猶豫不決的惡習帶到行動的過程中。要麼不做，要麼做好。

　　一個人如果養成了當機立斷的好習慣，那麼他在任何複雜的情況面前，都能迅速作出正確的決斷。但若是一個人習慣了猶豫不決，無論做什麼事都下不了決心，當成功的機會到來時，總是放任其白白溜走，這樣的人是不可能事業有成的。

》　立即行動

　　人生充滿美麗的夢想，我們能在其中感受到生活的價值，並由此產生勇敢追求夢想的鬥志。要想成功，首先要確定自己的理想。然而，只有理想是不行的，採取什麼樣的行動實現理想才是最關鍵的。在這種時候，千萬不要拖延時間，應該馬上展開行動，否則理想便將永無實現之日。

　　直截了當、雷厲風行是大部分精明能幹之人共有的優點。他們十分珍惜時間，一秒都不允許浪費在無聊的事情上，因為這是他們眼中最寶貴的財富。很多人之所以失敗，正是輸在做事拖拖拉拉、延誤時間上。這些人在面對機遇的時候總是反覆考慮、猶豫不決，因此錯失了許多有利商機。

　　對待工作直截了當、雷厲風行，這一點在法庭上尤其重

要。很多有發展潛力的律師正是輸在無法快速、明白地表達自己的觀點。圍繞案件最核心問題的辯論是決定這一案件勝敗的關鍵，美國聯邦最高法院的一位法官如是說。很多律師在法庭上廢話連篇、列舉無數事實來論證自己的觀點，以此彰顯案件的重要性，結果卻使法官及陪審團聽得暈頭轉向。並且，這樣做也給了對方更多機會從你的話語中挑毛病。法庭上的時間分分秒秒都很珍貴，不能因為說廢話而浪費掉。在證據充分的情況下，最好的辯護方法是將它簡單明瞭的闡述出來。

一個人若想取得成功，除了要頭腦聰明、學識淵博、能力過人，還必須做事乾脆俐落。做事不乾脆俐落的人是不可能取得成功的，因為他們不知道自身的需求，也辨認不出事情的關鍵所在。對此，面臨就業問題的畢業生必須注意。很多人正是因為在選擇工作時反覆考慮、無法決斷而錯失了機會，這真的很可惜。他們之中有些人家境殷實，父母對其期望很高，這份期望反而使他們在面臨抉擇時小心謹慎，最後只能遺憾地錯失良機。壓力太大會使人變得優柔寡斷，拖來拖去也無法作出決定。所以，父母切忌給孩子施加太大壓力。

不管做什麼事，均需投入極大的熱情才能將其做好。當一個念頭剛剛在腦海中成形時，我們的熱情是最高漲的。這

時便需要抓緊時機，雷厲風行地採取行動。如若不然，熱情很快便會冷卻下去，失去了最初的動力與熱情。做事拖延意味著自信心的嚴重匱乏和毫無節制的小心謹慎，人們的熱情與創新能力將在拖延的過程中耗光，最終一事無成。

世事無常，人們成功的機會就如流星一般，如果沒有及時將它抓在手中，一轉眼便會失去了，到時候再後悔都已來不及。所有想要成功的人都應規劃好自己的人生目標，並且雷厲風行地採取行動。只想不做，是對人們精力的巨大浪費，並會嚴重挫傷人們的進取心。

抓住腦海中轉瞬即逝的靈感對作家而言尤其重要。有經驗的作家為了隨時記錄靈感，總是隨身攜帶一枝筆，若是在靈感到來之際，未能及時將它記錄下來，對作家而言可是一筆不小的損失。

靈感對藝術家來說，也至關重要。靈感來臨之際，就好比閃電驟然降臨，將藝術家的生命照耀得一片光明。在靈感到來時著手創作，必將事半功倍。但這名藝術家如果辦事拖拉，在靈感出現時遲遲不願付諸行動，等到靈感消失後，就很難再捕捉到靈感的蛛絲馬跡，想要藉此創作出優秀的作品更成了不可能的事。轉瞬即逝是靈感的天性，對此我們無計可施，唯一能做的就是在靈感消失之前抓緊行動。

希臘神話中，愛神丘比特腦海中瞬間的靈感造就了智慧

女神雅典娜。雅典娜一出生就具備了美貌與智慧，堪稱完美。事實上，雅典娜存在於每個人的頭腦中。我們應該抓住頭腦中轉瞬即逝的好點子，並立即將其付諸行動。因為它在這個瞬間成功的可能性最大，這與剛出生的雅典娜是一樣的。隨著時間的流逝，再完美的靈感也會褪色變質，失去一切價值。因此，如果在理想產生的瞬間沒有採取行動，以後便更難有付諸行動的動力。拖延時間是人們普遍存在的惡習。當遇到問題時，習慣拖拖拉拉，從來不馬上採取行動解決，這種人是生活的弱者，他們欠缺成功者必備的堅定意志，所以失敗便成為了他們的必然結局。

今天的任務就要今天完成，不要總是拖延到明天。明日復明日，明日何其多？更何況，誰又能知道明天會出現什麼意外狀況，是否還有機會做完今天未竟之事？我們應提前做好工作計畫，控制好每天的工作進度。要掌控自己的命運，爭取最後的成功，就必須要做到今日事今日畢，無論如何都不能拖延時間。

拖延會造成人們精力的浪費。與其將精力浪費在拖沓、遲疑的過程中，不如馬上投身工作，將今天的任務完成，避免拖延到明天。任何工作都是越拖越糟。因為在最初我們對工作的熱情還處在高漲的階段，這種熱情能使我們在艱苦的工作中挖掘到無窮的樂趣。隨著時間的推移，熱情一天天冷

卻下去，到了那時便很難再全身心投入工作，將其做到盡善盡美。

　　做事拖拉的惡習對人們的影響同樣不可小覷。現實生活中經常會有很多意外事件發生，我們要想有足夠的時間和精力去應對它們，就必須先抓緊時間做好手頭的事情。做事三心二意，敷衍塞責，唯一的結局便是失敗。很多失敗者將自己失敗的原因歸咎於時運不濟，殊不知真正的原因在於他們自身。有些失敗者永遠精神萎靡，有些失敗者永遠找不到奮鬥的方向，有些失敗者則永遠淺嘗輒止，半途而廢。一個人若終日精神倦怠，做任何事都習慣拖拖拉拉，對於塑造其良好的品格會造成極大的障礙。長此以往，他的精神世界將陷入泥濘沼澤，無法自拔。

　　一名記者曾到監獄裡對其中的犯人做過一項調查，結果發現，很多犯人之所以會淪落到今天的地步，是因為他們有一個共同的缺點：做事拖拖拉拉。一個做事追求完美的人，不管什麼事都會盡心盡力做到最好。如此一來，他便不會有太多多餘的精力去考慮其他。反觀那些做事習慣拖拖拉拉的人，工作對他們而言是能拖就拖。在大多數時間，他們都無所事事，因而更容易染上惡習，甚至走上犯罪的不歸路。

　　鞋匠德魯每天白天都忙著跟人討論時政，到了晚上才開始工作。一天，他的店門前跑來一個男孩，大聲嚷道：「鞋

匠鞋匠，白天不做事，夜裡忙到死！」有人問德魯說：「那個孩子這樣調侃你，你難道不想揍他一頓嗎？」「我感謝他還來不及，怎麼會揍他呢？他說的確是事實啊！一語驚醒夢中人，我決定以後再也不拖拖拉拉，等到晚上才開始工作了！」他說到做到，從此白天專心工作，再也不跟人討論什麼時政了。一分付出，一分收穫，他店鋪的生意一天比一天好起來。

所有想要成功的人，都應避免做事拖拖拉拉。有這種惡習的人，往往從很小的時候就開始對所有事採取敷衍的態度。無論是讀書還是考試，都是敷衍了事。等到他們糊里糊塗畢了業，找到工作後，這種惡習仍在持續，以致他們的工作漏洞百出，毫無條理，一塌糊塗。功成名就對這樣的人而言，完全沒有實現的可能。

當心你身邊那些做事拖拉的人，因為這個惡習極有可能會傳染給周圍的人。生活對於那些做事拖拉的人而言，就好比一團永遠理不清的毛線。他們永遠不記得自己把東西放到了什麼地方，永遠都在需要時抓狂。這種惡習，很多時候連他們自己都受不了。假如這樣的人身居高位，難免會對其管理的員工造成嚴重影響，在公司內部形成凡事拖延的惡劣風氣，對整個公司的發展造成不可估計的損失。因此，我們必須要提高警惕，小心提防，切忌不可讓小缺陷影響到全局。

　　成功的商人及工程師絕不會把時間花在閒聊上，他們認為這是在浪費自己的寶貴時間。要想順利地走向成功，就必須盡量避免在與人交談時囉唆且主題不明確。這樣的人不招人喜歡，終其一生都毫無建樹，即使具備過人的見識與能力，也沒有用武之地。

　　人們時常會因為拖延時間而損失慘重，凱薩就是其中的典型。在與華盛頓的戰爭中，凱薩帶領的軍隊全軍覆沒，他自己也命喪黃泉，英名盡毀，原因很簡單，就是他未能及時看到前線送回的情報。當情報送到時，凱薩正在玩牌，無心看情報，隨手便將它塞入了口袋。等他後來想起這回事，再看情報時，卻已貽誤軍機。華盛頓的軍隊已攻到眼前，再怎樣反抗都是徒勞。凱薩最終為自己拖延時間的惡習付出了最昂貴的代價──自己和數萬士兵的性命。面對這樣血淋淋的事實，我們應從中吸取教訓，避免類似的失敗。

　　身體不舒服時，不要想著忍一忍就會自動痊癒。諱疾忌醫要不得，及時去看醫生才是正確的選擇。千萬別等到病情演變到不可收拾的地步時，再後悔不已。

　　拖延時間會為人們帶來損失。人們在拖延時間的過程中，辦事能力會越來越差，前進的腳步會越來越慢，精神狀態也會越來越鬆懈。每個人都應避免拖延時間。振作起來，打敗體內蠢蠢欲動的拖延惡習，立即採取行動。要改正凡事

拖延的惡習，這就是最好的方法。拖延是成功的大敵，我們所有的熱忱、精力與美好的品格都會在拖延的過程中毀滅殆盡，使得我們終身束手束腳，一事無成。

人類的性格缺陷，如懦弱、遲疑等都是成功的大敵。要擺脫它們，便不能為自己留有任何退路。一旦果斷地採取了行動，就要堅定不移地將其做到底。這樣一來，不管在前進的道路上遇到多少艱難險阻，都不會再膽怯退縮。所有成功者都是有決心的人。一個人在下定決心之後，自信與潛能都會隨之被發掘出來，促使其不斷向成功邁近。

在做事之前猶豫，在採取行動之後又習慣給自己留退路，是許多人（特別是年輕人）的習慣，情況嚴重者甚至已經到了無可救藥的地步。這些人應該意識到這一點：一個人只有在失去所有退路之後，才能擁有所向無敵的自信心，而追求成功的勇氣與意念，皆來自這份超人的自信。有了它，人們便擁有了足夠強大的力量，能戰勝所有會對成功產生阻撓的壞習慣，例如做事猶豫、不思進取等。

在作出決定之前，應當竭盡所能，權衡利弊，找出最正確的道路。所有魯莽草率的決定，都將導致失敗，在這樣的決定下實施的一切行動都是徒勞。這是所有不給自己留退路的人都明白的道理。因此，智者們總是將大量精力傾注於決策本身，力求作出最正確的判斷。所有想要成功的人都應努

力做到這一點。

　　一旦作出決定，就要果斷地行動起來，並且義無反顧地堅持到底。若是給自己留了退路，總覺得這條路就算走不通也無所謂，那麼你就不可能在行動中不遺餘力，如此一來，便很難取得成功。

　　凱薩大帝在西元前一世紀率軍渡海征討英格蘭。為表明決心，他在抵達英格蘭後，將他們乘坐的所有的船，當著全體將士的面前燒毀。這個破釜沉舟的果斷行動取得了良好的成效，當年他們的軍隊大獲全勝，大大地擴張了羅馬的疆土。

　　不過，有些人雖然也會果斷地採取行動，但是如果他們在前進的道路上遇到了挫折，他們馬上就會喪失信心，匆匆忙忙躲避到事先準備好的退路上。成功對於這類人而言，永遠都是可望而不可及的。而斬斷了一切退路的將士就不同了，他們唯一的選擇就是奮勇作戰，不惜一切代價爭取勝利。這一點對人生同樣適用。一個痛下決心斬斷自己所有退路的人，方能在追求成功的道路上一往無前，堅持到底。成功從來不會青睞於那些意志不堅、左搖右擺、事事不忘留下退路的人們。

　　想要成功嗎？那就別再瞻前顧後了，馬上行動吧！如果你不想給將來造成遺憾，行動就是唯一的選擇。行動的過程

之中，你會發現自己有很多不足，這時就需要努力學習他人
的長處，彌補自己的短處。持續不斷地努力學習可以彌補一
切，包括勇氣的匱乏，自信心的流失，忍耐力的欠缺，理智
的不足等等。時刻要謹記一點，自己本身已經擁有了成功的
潛能，只要努力將其發揮出來，就一定可以獲得成功。這個
過程也許會很漫長，但是不要放棄，你會逐漸體會到自己的
進步，無論是在才能方面還是在品性方面。

第五章　堅定才能強大

　　人們自困境中脫身，重獲心靈的自由，其過程就好比雕琢一塊鑽石。要讓鑽石釋放出最璀璨的光芒，便要歷經無數的雕琢與磨礪。要取得人生的輝煌，同樣要身陷困境之中，歷盡重重磨難。人們要想有所成就，就必須讓自己竭力走出困境。

　　成功者必須具備兩項特質：一是堅定的意志力，二是超強的忍耐力。成功者都有著堅定的意志，一旦下定決心，便會勇往直前。無論中途遭遇多少艱難險阻，都會勇敢面對，堅持到底。

» 貧窮不能阻止人們成功

一名英國作家曾這樣感慨美國歷史：「許多美國歷史上赫赫有名的大人物，都出生在貧窮的黑屋子裡。」如果你對此質疑，那麼不妨看看下列名單：林肯、格蘭特、加菲爾德、格里利（Horace Greeley）、克萊門斯（Andrew Clements）、沃納梅克（John Wanamaker）、洛克斐勒、比徹（Henry Beecher）、愛迪生、威斯汀豪斯（George Westinghouse）等等。這些名人全都在貧窮的鄉下出生，他們之所以能成就偉大的事業，完全源自自身的勤奮與努力。

政治家韋伯斯特（Daniel Webster）在美國西部旅行時，與當地一位農場主人聊了起來。農場主人忍不住地誇讚本地豐盛的物產，並問韋伯斯特：「你們新英格蘭地區，什麼物產最為豐盛？」韋伯斯特不卑不亢地答道：「我們沒有豐盛的物產，只有盛產人才！」綜觀美國歷史，大多數總統都出生在鄉下。當然了，也不排除例外，老羅斯福就是一個特例。他自幼生長在城市，憑藉傲人的天賦與能力獲得了舉世矚目的成就。

本地最成功的人往往來自偏遠地區，很多大城市中普遍存在這種怪異的現象。反觀土生土長的本地人，卻多數一無所成。一位名人曾說：「堂堂一個紐約，走出的成功人士

居然屈指可數，真是匪夷所思！」現在生活在紐約的所有成功人士之中，自幼生長在貧窮的鄉下的占據了九成。除了紐約，類似現象還出現在了巴黎、柏林、倫敦這些大城市。這告訴我們，在城市中長大的孩子，其才能往往比不上在鄉下長大的孩子。

對此，一名作家曾專門做過一項調查。他隨機抽取了四十名成功人士作為自己的研究對象展開調查，最終得出這樣的結論：這四十人中，來自鄉下的竟高達二十二人，其餘有十人來自小鎮，在城市中長大的僅有八人。這樣的結論令很多人大吃一驚，然而更叫人驚詫的是，來自鄉下的這二十二位成功人士中，接受過正統教育的僅有三人。這項調查還指出，拋開出身的差異，這四十位成功人士有一個共同點，那就是他們全都在十六歲左右開始在城市中獨立生存。

人才不斷由鄉下湧向城市，為城市的發展進步提供了新的動力。我們的城市之所以能有今天這樣欣欣向榮的繁榮景象，離不開這些才能出眾的人民的努力奉獻。

對孩子們而言，生活在鄉下，好過生活在城市。城市的孩子們清早一開窗，映入眼簾的就是灰濛濛的天空，呼吸到的全是骯髒渾濁的空氣。而農村的孩子們，每天都能看到蔚藍乾淨的天空，呼吸著純淨的空氣。他們在一望無際地原野上，自由自在地鍛鍊身體，心靈奔放。他們親自動手，學習

修理農具和玩具，在這個過程之中，學到了很多書本上無法學到的實踐知識。鄉下能為成功者提供最佳的成長環境，這一點毋庸置疑。

在鄉下長大的孩子們，無疑是非常幸運的。田間的勞作賜予了他們勤勞的雙手和強健的體魄，更培養了他們敏銳的思維和迅捷的反應能力。他們與大自然親密接觸的時間久了，人格也逐漸與大自然趨同，變得越來越質樸，越來越美好。成長在城市中的孩子們，永遠都無法培養這種自然純樸的性情。與城市中到處充滿了枯燥的人造建築物不同，鄉下除了人造建築以外，更多的是自然景物。孩子們可以從無邊無際的原野，飄逸瀟灑的雲彩，變化無端的四季景致中，領略到無數深刻的人生哲理。高大起伏的山脈，險峻巍峨的峭壁，恣意流淌的河流，無一不在訴說著發人深省的話語，叮囑孩子們要像它們一樣寬厚、溫和、博大、堅定、灑脫，讓孩子們逐漸培養純潔高尚的人格。另外，鄉下無處不在的動物們，也在向孩子們默默傳授著道理。烏鴉反哺，母牛舐犢等現象終日發生在孩子們眼前，藉著活生生的例子向他們展現偉大的愛之力量。

自幼生活在鄉下的孩子們，從來不缺動手實踐的機會。自然界的種種現象對他們而言，早就司空見慣。透過人們的努力付出，花兒在貧瘠的田地上破土而出，莊稼在荒蕪的田

野上得到收穫，木材自崇山峻嶺間被源源不斷地開採出來。這些由人類親手創造的奇蹟，讓孩子們從小就明白自己動手豐衣足食的道理。他們清楚觀察到花兒盛放的過程，果實成熟的過程，動物繁衍的過程，植物生長的過程，以及人們對它們的利用過程。孩子們知道，所有這些成果，都是人們在大自然慷慨施予的前提下，透過勤奮勞作得來的。在懂了這個道理以後，孩子們便會時刻心懷感恩，踏踏實實地用雙手與智慧創造屬於自己的未來。

當然，鄉下也並非十全十美。提到鄉下，很多人都會聯想到「貧窮」兩字。一些鄉下的孩子渴望能到城市中生活，他們憎惡鄉下，覺得在這裡完全不能施展自己的才能。他們熱切盼望接近夢想中的城市，因為城市可以提供更好的成功機會。那裡充斥著條件優良的學校，汗牛充棟的圖書館，實力雄厚的企業，設施齊全的實驗室。無論是學習還是工作，城市無疑都是最佳的選擇。在這些孩子眼中，城市遍地都是機遇，只要身在城市，成功便唾手可得，反觀鄉下，帶給他們的只有無盡的絕望。

這種想法其實存在很大的偏差。事實上，很多鄉下的孩子後來之所以能作出驚人的成就，正是因為受到城鄉之間經濟條件差異的刺激。生活在鄉下的孩子們必須要相信，自己現在正在承受的貧窮生活，實際上是在為日後的成功累積資

本。這方面的缺乏，勢必會在另一方面得到補償，上帝對每個人都是公平的。自幼經濟上的匱乏，日後會得到健康、智慧、美德等作為補償。歷史上無數偉人之所以成就顯赫，正是由於從小在鄉下長大的經歷造成的。鄉下的孩子們應該相信，自己是天之驕子，終有所成。眼下的一切困難，都是上帝對自己的考驗。等充分利用自己的信念與智慧，將這些困難一一克服以後，自己將毫無阻礙地走向成功。

天下間成功的機會五花八門，成千上萬。只要自己有充足的能力，總能找到發揮這種能力的職位。關於這一點，所有人可以放寬心。從現在開始，我們應將一切精力全都集中在培養自己能力上。在機會到來之前，做好最充足的準備，方能在機會到來之際抓緊時機，功成名就。

那些生活在鄉下的聰明孩子，絕不會在做好準備之前，就匆匆忙忙跑去城市謀生。他們首先要做的便是不斷提升自己的能力。以林肯為例，他在鄉下生活的日子裡，無時無刻不在為日後做準備。對於自己能拿到手的每一本書，他都會認真閱讀。長久的累積，使他獲得了處理各種複雜情況的勇氣、意志與能力。

主教蒲福（Henry Beaufort）曾被問過這樣一個問題：年輕人在城市中會得到更多的成功機會嗎？蒲福認真思索了一下，答道：「報紙上經常刊登出這樣的廣告，宣稱在城市中

取得成功如探囊取物一樣簡單。很多年輕人因此捨棄了鄉下的一切，進入城市謀求發展。其實就算在城市中，如果沒有足夠的才能與機遇，也不會獲得成功。這些年輕人在來之前並不清楚，不是所有人都可以成為成功者，城市中的大多數人都很平凡，只有極少數人取得成功。尤其是那些剛來城裡的年輕人，他們的機會比起其他人更是少得可憐，成功在現階段對他們而言幾乎難於登天。他們之中的有些人，甚至淪落到沿街乞討的淒慘境地。這些年輕人之所以會這樣，原因就在於沒有自知之明，不了解自己在複雜狀況下根本就束手無策。」主教繼續說道，「在殘酷的競爭中，一定會有不少人被淘汰出局。巨大的生存壓力令其中一部分人不堪忍受，選擇了走上犯罪的道路或是自甘墮落，乞討為生。他們滿懷希望地來到城市，哪知犧牲了自己的一切，換來的卻是這樣的結局。這與他們的憧憬天差地別，天底下最令人失望的莫過於此！

　　城市裡確實隨時隨地都潛藏著機遇，但風險與機遇是並存的。能充分發掘並利用這些機遇的，不會是那些才智平庸、有勇無謀的人。再好的機遇都要遇上才能與意志並存的人，才能得到充分利用。城市從來不缺少失敗者，這些人苦苦掙扎到最後，依舊一無所有。在進入一個城市之後，便很難全身而退。不少在城市中慘敗的年輕人，甚至付出了生命

的代價。就算是那些最終取得成功的人，他們在追求成功的
道路上，也付出了慘重的代價。日復一日，年復一年的枯燥
工作，吞噬著他們原本旺盛的精力，直至將他們完全榨乾。
城市就像吃人不吐骨頭的惡魔一樣，埋葬了無數由鄉下湧入
這裡的年輕人。

　　鄉下的年輕人在剛到城市時，一定要萬分小心。最初的
適應階段危機重重，稍有不慎，便會在繁華的城市中迷失自
我，走上不歸路。他們早已習慣了鄉下緩慢的節奏，在做任
何決定之前，都會有充分的思考時間。城市則剛好與之相
反，為了適應城市生活的快節奏，他們一定要反應迅速，面
對任何突發事件，都能當機立斷作出決定。五光十色的引誘
在城市中隨處可見，一旦身陷其中，便很難再脫身。年輕的
人們應該堅定意念，潔身自好，自動遠離這些誘惑，否則，
必將走向失敗。若剛開始進入城市時沒有把握好方向，終日
渾渾噩噩，醉生夢死，便會放任無數機遇從身邊白白溜走，
虛度了大好的青春年華。」

　　一位傑出的牧師，同時也是一位改革家，在談及年輕
人的事業發展時，他說：「在當今社會中，城市的發展前景
遠沒有鄉下那麼樂觀。年輕人在鄉下創業，成功的可能性會
大很多。如今在城市中，擁擠著無數企業、商行，競爭異常
殘酷激烈，整座城市的環境因此變得汙濁不堪，每天都在上

演著無數的罪惡與悲劇。我們的城市越來越令人失望，人們來到這裡只是為了賺錢。城市中的人們，除了錢以外一無所有。」

城市並非人們實現理想的聖地，只要肯努力，在任何地方都能取得成功。自幼生活在鄉下的年輕人不必妄自菲薄，在鄉下這片沃土上，同樣可以成就一番偉大的事業。

» 苦難成就偉大

有兩個強盜路過刑場。其中一人望著絞刑臺發出了這樣的感嘆：「要是沒有這東西，我們過得肯定比現在輕鬆多了！」哪知另外一人卻啐了他一聲，叱道：「沒了這東西，豈不是人人都敢做強盜了？到時候競爭激烈起來，還有我們的活路嗎？」

這雖是個笑話，其中卻包含著耐人尋味的道理：環境艱苦未必就是壞事。如果你從事的是一項異常艱苦的工作，那麼在工作過程中就會少了很多競爭。無數人正是在艱難的環境中成就了自己的事業。有句很中肯的話：「苦難造就了無數偉大的人物。」

拿破崙在評價自己手下一名驍勇善戰的大將時說：「平日裡他看起來跟普通人沒有任何區別，他的軍事才能只有在

炮火連天的戰場上才能發揮出來。戰場上的他與平時判若兩人，勇猛果敢如一頭恐怖的野獸，不計任何代價，只求徹底消滅敵人。」

偉大的人物總是在極度的苦難之中，方能展示出自己與眾不同的才能。無數偉人都是在一般人難以忍受的貧苦環境中成長起來的。拿破崙之所以能夠取得舉世矚目的成就，與他早期的挫敗經歷密不可分。他的才能在連續的挫敗中迅速得到提升，他的人格在努力克服困難的過程中不斷得以完善，這為他日後的成功打下了最堅實的基礎。

任何成功都不是輕而易舉的。一名成功的商人曾說：「我所有的成就都是自挫敗中得來的。」只有憑藉自己的努力戰勝困難，脫離苦海，最終取得的成功才是真正屬於自己的。世間最幸福的莫過於在苦難中不斷奮鬥，超越各種各樣的障礙，戰勝自己所有的缺點，滿懷信心地奔向成功的未來。

我有位朋友，其才能令同齡人望塵莫及，年紀輕輕就已在一家大公司擔任高級主管一職。然而，很少有人了解他的過去。讀大學時，他一直是同學們的嘲笑對象，原因就是他出身貧苦，身上總是穿著破爛的衣服。可是他並沒有因此自卑氣餒，反而在同學們的嘲笑聲中立志奮發圖強。如今，那些曾將他視作嘲笑對象的同學，每天都在做著最平淡無奇的工作，而他卻已身居高位，成就顯著。在被問及成功的祕訣

時，他這樣回答：「我成功的最大動力來自大學同學的譏諷，正是這種譏諷促使我在成功的道路上不斷奮進。」

在最艱苦的環境中依然選擇堅持，這樣的人才能將自己的潛能發揮到極限。一遇到挫折就退縮，不是成功者會作出的舉動。假如林肯從小生活條件優越，完全有接受正統教育的條件，那他勢必無法取得日後的驕人成就。人們如果長期生活在安穩舒適的環境中，便會使成功從他們身邊自動遠離。舒適的環境會給人這樣一種錯覺：成功似乎可以信手拈來，根本不必為之努力。然而，實際情況則正好相反，就算在最艱苦的環境中也不放棄努力，才是林肯取得成功的真正原因。

人類體內存在著一種神祕而強大的力量，只有在最危急的關頭，才有可能釋放出來。所謂「最危急的關頭」，也就是遠遠超出一般情況的刺激環境，具體說來就是別人的嘲諷、侮辱與欺凌刺激人們爆發出來的復仇欲念，其程度強烈到連自身都無法控制的地步。

人們處在平靜的生活狀態下，最多能發揮出四分之一的能量。其餘四分之三的潛能，只有在身處極度的苦難環境，身心受到極大的刺激與折磨的情況之下，才有被發揮出來的可能，爆發出連自己都想像不到的巨大能量。這種能量就是他們最終贏得成功的保障。

社會上存在著這樣一種怪現象：讀書時成績優秀，工作後事業有成的女性，相貌大多十分平凡。平凡的相貌一方面激勵她們立下宏大志向，並堅持不懈地為之努力奮鬥，另一方面也讓她們將更多的注意力轉移到學習和事業去。她們缺少了美貌，卻贏得了成功的人生作為補償。上帝對每個人都是公平的。許多成功人士皆是因為身體存在著各種不足，便在其他方面努力彌補，最終達到了旁人無法企及的事業高度。

英國有個一出生就沒有四肢的人，其生活卻與正常人完全沒有兩樣，當地人更是對他讚不絕口。有個人在聽說這件事後，特意前去拜訪他。在兩人聊天的過程中，他的缺陷完全被智慧與優雅掩蓋，令來人心甘情願地拜服在他腳下。

出色的船員不會誕生在風平浪靜的港灣中。人們的潛能需要在特殊的環境中，才能得到最大的發揮。苦難無疑是最佳的特殊環境，苦難的環境會激起人們高昂的鬥志，將自身的才能發揮到極限。能夠迎難而上，奮鬥到底的人，必將在成功的道路上勢如破竹。

人類生來就具備了反抗的意識，苦難會將這種潛意識激發出來，指導人們實施反抗的行動。成功正需要有這樣的鬥志，它可以幫助我們在一切困境之中昂然挺立，奮勇前行，最終取得勝利。這就如同歷盡狂風驟雨，依舊巍然不倒的橡

樹，在苦難面前永遠以不屈的強者自居。由此可以說，苦難以及其他各種各樣的阻礙，促進了我們的成功，我們應該對它們表示感謝。

幸福與苦難之間只有一段很短的距離，一旦戰勝了苦難，往往就能將幸福納入懷中。在克里米亞戰爭中，有座花園被炮彈炸得面目全非。等戰爭結束時，人們卻在其中發現了意外之喜：原來在炸彈炸出的坑裡隱藏著噴泉，從那裡不停地湧出泉水來。人們據此將這裡修建成一處旅遊景點，吸引了大批遊客前來參觀。整座小鎮因此變得富裕，所有人都過著幸福快樂的生活。也許在某些時候，我們會因為承受不住過分強大的苦難而深感絕望。在這樣的時刻，我們應該堅信所有苦難都會成為過去，只要再忍一忍，便一定能迎來幸福的曙光。

人們在苦難之中飽受折磨，同時也在這種折磨之中被打磨出最璀璨的光芒。許多人只有在被逼上絕路時，才發覺自己原來比想像中要強大得多。有位傑出的科學家說過一句發人深省的話：「我的科學成就，總是在最艱難的環境中得以實現。」

人們可以將困難轉化為前進的動力，這與蚌殼產生珍珠是一樣的道理。人們的能力只有在困境中，才能得到不斷提升的機會。老鷹會在雛鷹會飛之後，馬上趕牠出去，讓牠獨

自在大自然中接受痛苦磨練。要成為名副其實的鳥類之王，擁有最強大的戰鬥力和覓食能力，這是成長過程中的必經之路。

能成就一番事業的人，多數成長在苦難的環境之中。而那些自小生活安逸，沒受過風吹雨打的人，往往很難取得成功。

苦難賜予了人們巨大的精神財富。人們能在苦難之中不斷磨練自己，提升自己的能力，堅定不移地走向成功之路。

就如同火柴在摩擦之後才能生火，人們也要在苦難的刺激之下，才能釋放自己的潛能。傳世名著《唐吉訶德》是塞凡提斯在獄中嘔心瀝血完成的。當時他的處境極為糟糕，連寫作必需的稿紙都買不起，只能割下小片、小片的牛皮代替稿紙繼續寫作。若非他憑藉著自己強大的意志，在困境之中堅持不懈，我們今日便不可能看到這部流芳百世的名作。曾有人遊說一位西班牙富豪資助他，卻得到了這樣的答覆：「他只有處在極度的赤貧之中，才能為其他人創造財富。在這樣的情況下，任何人的資助對他而言都是多餘的。」

監獄，這世間最痛苦煎熬的所在，卻是無數偉大人物實現自己理想的聖地，像班揚的《聖遊記》、華特·雷利的《世界史》，許多人類歷史上偉大的傳世之作都是在這樣的人間煉獄中完成的。

　　不過，並不是所有人都能在苦難面前不屈不撓地戰鬥到底，只有很少的人才能將自己的潛能盡情發揮出來。無數原本有機會成功的人，只因在面對苦難時選擇了退縮，便使得自己體內的能量永遠得不到釋放，永遠徘徊在成功的大門之外。

　　要想取得最終的成功，不管此刻身陷怎樣絕望的困境，都要堅持奮鬥到底。在被囚禁於瓦爾特堡期間，馬丁路德翻譯出了德語版的聖經；但丁先是被判處死刑，其後遭到流放，在這流放等死的二十年時間內，他堅持創作，完成了名垂青史的《神曲》；在成為埃及宰相之前，約瑟更是歷盡磨難，但他沒有屈從於命運，最終憑藉自己的努力取得了非凡的成就。

　　猶太人在人類歷史上是命運最為悲慘的一個民族。在歷史上，猶太人曾多次遭到迫害，在到處避難的過程中流離失所。然而，他們的潛能卻在如此艱苦的條件下，得到了最大程度地發揮。猶太人之所以能在歷經重重磨難之後堅強地存活下來，並發展成為全世界最偉大的民族之一，正是由於其族人出眾的才能與智慧的發揮。

　　南方的監獄規定，犯人要給家人寄信，其內容必須先交給獄警審查。有個犯人不願意把信給獄警看，於是就在信裡寫了一些無關痛癢的話，然後在每一行的間隙裡用橘子汁寫

上自己真正要表達的內容。橘子汁留下的字跡，風乾之後就消失了，獄警根本看不出來，這樣便可以成功逃過審查。收到信以後，他的家人們給信加熱，這部分字跡就可以重新顯現了。

貝多芬失聰後創作出自己最偉大的樂曲；席勒（Egon Schiele）在病中完成了自己最優秀的創作；彌爾頓在雙眼失明，窮困潦倒之際寫成了自己最著名的作品。綜觀人類的歷史，類似的例子多得數不勝數，這些偉人的成就，均是在常人難以忍受的苦難環境中取得的。班揚正是因為深刻領悟到苦難對於成功的刺激作用，才說出了這樣一句話：「真希望我能經歷世間一切苦難！」

知難而上往往會得到意外的收穫。許多年輕人做事總避重就輕，逃避前進過程中遇到的麻煩、困難、危險。這就如同士兵們去攻占敵方的陣地，要想不被敵人的炮臺和碉堡壓制得四處躲避、性命難保，就得花些精力先將它們鏟除掉。

能夠在苦難面前不屈不撓，堅持不懈的才是真正的勇士。苦難對他們而言，只是成功之前的小小考驗，他們完全有信心戰勝一切艱難險阻。在與苦難鬥爭的過程中，他們不斷磨練自己的品格，提升自己的能力，以昂揚的鬥志，堅定的信念，朝成功的終點奮進。面對這樣的勇士，再強大的命運也會俯首稱臣。

» 擺脫環境的束縛

「人類雖然生來自由，但在生命的旅途中卻處處受束縛。」每個人都應嘗試讓自己的心靈在不自由的環境中，插上自由翱翔的翅膀。如果人們不能突破自己所處的環境，一味唯唯諾諾，甘心受縛，那麼勢必將嚴重損害其積極進取的熱情，抑制其才能的發揮，並大大磨損其意志，最終墮入失敗的深淵無法自拔。人們只有將自己的才能充分發揮出來，才有可能取得成功。要做到這一點，就必須從環境的束縛中脫離，讓心靈恢復自由。

在困難面前，人們體內的潛能更容易被激發出來。環境的束縛會阻礙潛能的發揮。人們要想有所成就，就必須讓自己脫離外界的束縛。人們自束縛中脫身，重獲心靈的自由，其過程就好比雕琢一塊鑽石。要讓鑽石釋放出最璀璨的光芒，便要歷經無數的雕琢與磨礪。要取得人生的輝煌，同樣要歷盡重重磨難。

很多人因為家裡的經濟條件不好，早早輟了學。這導致他們知識匱乏，成年以後時時刻刻感受到束縛。這種人要想擺脫束縛，讓心靈重獲自由，便要勇敢地去彌補自身的缺陷。只可惜，他們的大多數人卻認定現在已經太遲了，再怎麼彌補都是無濟於事，所以他們情願一輩子都生活在這種束

縛中，不求改變，不思進取。有些人終身被束縛在無知的迷信中，自己卻完全沒有意識。他們無疑比那些被知識的匱乏束縛的人更加可悲可嘆。

膽小怕事同樣會使人受到束縛。自信的缺乏會導致膽小怕事。不少理想遠大，才能出眾的年輕人，最終卻一無所成，究其原因，不外乎自信的缺乏。這樣的人不管做什麼事，都會被膽小怕事的性格束縛。他們總在擔心自己會失敗，即便理智告訴他們應該努力去爭取成功，他們也依然沒有勇氣邁出通往成功的第一步。

他人對自己有什麼樣的評價，不必太在意。一個人若總想著怎樣取悅於人，勢必將對自己的自信心造成極大的損害。堅持自己的意見是否會被他人視作固執己見？一個人若存有這樣的顧慮，便會將自己牢牢束縛起來，沒有勇氣去追求遠大的理想。這種人無論做什麼都會瞻前顧後，綁手綁腳，總妄想可以不勞而獲，成功會自動送上門來。

要想成就一番事業，必須要擺脫所有束縛，讓自己進入一種自由的環境之中。沒做好準備便開始行動，以及不思進取，向命運屈從，是人們的事業走向失敗的兩大原因。許多人終身被這兩者牢牢束縛住，難以發揮自己的潛能。長此以往，他們的才能越來越低下，最終喪失了成就大業的本領，只能待在平凡的工作崗位上，庸庸碌碌地度過自己的一生。

所有事業有成的人，無一例外都具備以下優勢：目標遠大、意志堅定、經驗豐富、勤儉節約等等。要擁有這樣的優勢，他們到底付出了怎樣不為人知的代價？假如讓他們親口回答，答案毫無例外，都是「努力奮鬥」這四個字。他們透過努力奮鬥，磨練出強大的自信與堅定的意志，並累積豐富的經驗，順利擺脫了周圍環境的束縛，讓自己的潛能發揮到最大程度，最終取得了事業上的成功。

能在誘惑面前堅定信念，不為誘惑所動的人，才是真正的勇士。在通往成功的道路上，到處充滿了誘惑，諸如財富、美女、權勢等等，不勝枚舉。只要意志稍有動搖，便會在這些誘惑面前繳械投降，從此處處受制於人，再難找回自由。自由的範圍涉及很廣，包括思想、言論、舉止等多方面。若是在這些方面喪失了自由，無疑是非常可怕的一件事。所有立志成就一番事業的年輕人都應竭盡全力追求自由，因為只有在自由的空間中才能最接近成功。

沒有誰的一生是一帆風順的，任何人都會遇到艱難的處境。這時，忍耐便是我們應對這種艱難處境的策略。當我們陷入最絕望的困境之中，沒有任何辦法擺脫時，就必須要咬牙忍耐，這樣我們才能擺脫困境的束縛。也就是說，只有堅持忍耐下去，我們才能熬過這段困難時期，不致於在失敗的陰影中自暴自棄。

忍耐能夠幫助我們戰勝困難，重塑希望。就算我們的才能無法施展，對眼前的情況無計可施，忍耐仍然可以賜予我們強大的力量，給予我們最有力的支撐。

在追求成功的道路上困難不斷，很多人在這些困難面前敗下陣來，富於忍耐力的人則在這時選擇堅持。他們能在所有人都絕望時找到嶄新的希望，為實現自己的理想，堅持不懈地奮鬥到最後一刻。

一個好修養的人必然懂得忍耐。商人要想獲得成功，也應學會忍耐。不管客戶怎樣蠻橫無理，出言不遜，一名出色的商人都應禮貌應對。長此以往，必能和氣生財；反之，面對態度惡劣的顧客，以同樣惡劣的態度回應，這樣不懂得忍耐的商人何談拓展業務？

忍耐對顧客而言也很重要。就算售貨員對自己愛理不理，顧客也應表現出應有的客氣與禮貌。在這樣的感染下，售貨員往往會為自己的不禮貌而感到抱歉，隨即熱情地招待顧客。

一個樂觀豁達，從容淡定，並懂得忍耐的人，必然是一個深受歡迎的人。

每個人都希望找到一份自己真正喜歡的工作。可是，並不是每個人都有這樣的幸運。很多人必須從事自己毫無興趣甚至厭惡的工作，在這種情況下，忍耐力便顯得尤為重要。

　　成功者從來不會對自己的工作挑三揀四，無論是否喜歡眼前的工作，他們都會全力以赴地做到最好。要想成功必須具備這樣的特質：即使面對自己毫無興趣的工作，也要充滿熱情，用鐵一般的忍耐力去迎接成功道路上的一切考驗。

　　人們會對那些忍耐力極強，為實現目標付出一切的人致以崇高敬意。至於那些缺乏忍耐力的人，則通常會受到人們的鄙夷。

　　強大的忍耐力能幫助人們贏得別人的信任，最終走向成功；反之，缺乏忍耐力的人則很難取信於人，也很難獲得成功。

　　不管遇到什麼困難，我們都應以極強的忍耐力去面對，只有這樣，才能擺脫環境的束縛，才有成功的希望。

》 不要輕言放棄

　　「假如我一早就開始努力，肯定不會淪落到現在的地步」，「如果那時候我能再多堅持一會兒，成功肯定就屬於我了」。生活中，很多人經常這樣自怨自艾。少壯不努力，老大徒傷悲。年輕時的輕言放棄，讓他們的餘生都在悔恨中度過。

　　事業開始之初，人們往往鬥志高昂，但在挫折面前，這份鬥志卻不堪一擊。很多人受挫以後會立即作出決定，轉移奮鬥目標，去做一份未必適合自己的工作。直到發覺眼前的工作並非自己真正想要的，卻因為勇氣不足而選擇得過且過地將就下去。這種人早早喪失了自己的人生目標和追求，就算活著也不過徒具形骸，無所作為。

　　年輕人往往更容易在悲觀絕望時，魯莽地作出決定。例如，有的年輕人在事業受挫時，選擇了徹底放棄。其實只要他們堅持下去，過不了多久便會重新看到希望的曙光。著名的天文學家阿拉戈（Francois Arago）將數學家達朗貝爾（Jean d'Alembert）的一席話視為人生信條：「永遠不要輕言放棄，否則你將一事無成。勇敢堅持，一切困難都會被打倒！勇敢堅持，才能最終看到勝利的曙光！」在這番話的激勵下，阿拉戈不斷奮鬥，堅持到底，終於成了一名出色的天文學家。

　　還有的年輕人，好不容易得到去國外求學的機會，卻因為一點小挫折而深感絕望，選擇中途輟學。這種半途而廢的人，在成功道路上必然只能淺嘗輒止，難以走到最後。一些年輕人立志成為一名優秀的律師，所以選擇了學習法律。然而，不久之後，他們卻因為課程太過枯燥，對自己是否適合產生懷疑，並最終選擇了退學。這種情況跟很多醫學系的學生很類似。起初對醫學興致濃厚，後來學到化學和解剖學時

便敗下陣來，選擇退學。其實，這些中途放棄的學生若能多一點意志力，堅持下去，必定能實現自己的理想。可惜，他們卻在悲觀的情緒下，草率地決定了自己一生的失敗。

人的思想經常自相矛盾。有些寄宿生，因為不能適應離家的生活，所以作出了退學的決定。當他們回到家時，卻又為自己的懦弱陷入深深的自責之中，難以自拔。

有些人很富有，受到朋友們的敬重，一生過得都非常順利。表面看起來，他取得了成功。但實際上，並非如此。當災難不期而至，他的財產就會立即失去，他的朋友也會離他遠去。他很快就會陷入絕望的境地之中，因為他的勇氣早就被物質享受給消磨殆盡。在這樣的打擊面前，堅強的人會做出與他完全相反的反應。他們能夠憑藉自己的意志承受意外的打擊所造成的傷害，他們心中的希望之火會讓他們很快振作起來。如果不能夠承受打擊，那就只會一蹶不振下去。

如果遇到失敗就灰心喪氣，一味地消沉下去，而不是從失敗的陰影之中走出來，那麼根本就無法取得成功。有些人，因為自己的財產不復存在，或者自己的企業倒閉，就一蹶不振，甚至不想再活下去。在這個時候，一個人的意志得到了充分的體現。錢財只是身外之物，比錢財重要的東西還有很多。如果自己都對自己失去信心，那麼他就無藥可救了。

　　勇氣、尊嚴、毅力都是人生最寶貴的東西，就算失去任何東西，也不能失去它們。真正強大的人，根本不會在乎失敗。在成功的道路上，挫折和各種小問題總是在所難免，但是真正偉大的人，根本不會把它們放在眼裡。當暴風雨來臨時，懦弱的人與強大的人有著截然不同的反應：懦弱的人不知所措，怨天尤人；而強大的人總是能夠從容坦然地面對。他們像世界的主宰那樣，任憑歲月的洗禮，仍然能夠保持他們的風範。

　　有些惡毒的言語也會使人陷入失望的黑暗之中無法自拔。因此，在有人對你說出這種不負責任的惡言惡語時，你可以當作沒聽見。如果你對身邊的人說過類似的話，便要想方設法去挽回，比如說一些鼓勵的話，盡快將對方從黑暗中拯救出來，重新讓其對生活充滿希望。因為鼓勵的話語會對人們的成功有很大的激勵作用，因此要經常用這樣的話語來鼓勵自己不斷進取。只要有了堅定的自信心，人們便能夠時刻保持昂揚的鬥志，乘風破浪，最終順利抵達勝利的彼岸。

　　很多人在遇到逆境時，便會自信盡失，不願繼續朝目標奮進下去，致使以往的心血全都付諸東流。這些人就好比井底之蛙，一開始拚盡全力想爬出去，可是在失敗了一次以後，就對自己徹底失去了信心，甘心接受一輩子做井底之蛙的命運。一個心中充滿了猶疑與畏怯的人，是不可能獲得快

樂與成功的。任何人要想不被逆境打倒，就必須努力克服心中的猶疑與畏怯，保持堅定的信念，誓與逆境對抗到底。

許多人常因一些無謂的小事而心態失衡。這一點永遠不會發生在那些沉穩冷靜的人身上。他們早已尋覓到人生最堅定的支撐，絕不會再搖擺於希望與失望之間，所以不管眼前出現了多大的困難，都不能引起他們的心態失衡。信念給予了他們自由翱翔的翅膀，他們已將自身與宇宙融為一體，並與上帝成為無話不談的知己好友。

老羅斯福在首都華盛頓進行了一次演講。他說：「我希望每一個美國人都能夠堅強地面對生活中的挫折。每個人都會遇到各種各樣的困難，這是無法避免的事情。振作起來吧，否則你將永無翻身之日。」

失敗之後，不氣餒，勇敢地重新來過，是成功的祕訣。每個人走過的人生之路都不會是一帆風順的，都有過痛苦的經歷，都曾失敗過。也許是自己想要的成功，一直沒有到來；也許是與親朋好友分道揚鑣；也許是失去了本該得到的財富；也許事業剛剛起步，就宣告失敗……但是，只要你勇敢地面對挫折，仍然渴望成功，那麼就必然能夠成功。

奧地利七十五萬軍隊打敗了拿破崙率領的軍隊，拿破崙的軍隊只有十二萬人，敗給奧地利軍隊也情有可原。但是，拿破崙仍然非常生氣。他對士兵們說：「我對你們失望極了！

你們的勇氣和組織紀律性都去哪裡了？我們占據著地理優勢，敵人再人多勢眾，也休想攻上來。可是，你們居然沒有守住。真是太讓我生氣了！你們這些法蘭西戰士，難道不覺得羞愧嗎？」一些服役時間很長的士兵非常激動地回答說：「要不是敵人太多，我們一定能夠守住的。請您再給我們一次機會，我們一定會把敵人打得落花流水，讓他們嘗嘗我們法蘭西戰士的厲害。」在第二次戰役中，這些人組成先鋒部隊，給奧地利軍隊造成了沉重的打擊。

逆境最能考驗人們的品格。同樣身處逆境之中，有的人因此一蹶不振，有的人卻鎮定如常，繼續努力。顯然，後者比前者更加優秀，更有機會贏得成功。在人生旅途上，往往會遇到各種各樣的困境，很多人就是因為意志不夠堅定，總是憂心失敗，所以最終只能走向失敗。

有一個戰爭專有名詞叫做「費邊戰術」，其由來有一個故事：費邊‧馬克西姆斯（Quintus Maximus）在與漢尼拔（Hannibal Barca）作戰的過程中連連敗退。在漢尼拔入侵西班牙，越過阿爾卑斯山進入義大利後，民眾的情緒越來越不安，紛紛對費邊提出嚴厲指責。費邊卻不慌不忙，表面上是一味逃避，拖延時間，但實際上卻在趁機將敵人引向對自己最有利的作戰區域。

他將漢尼拔的隊伍引入易守難攻的山區，隨即切斷其退

路，正式與之開始交鋒。對於他的戰術，羅馬政府並不理
解，若非他頂著龐大的壓力堅持到底，這種策略根本無法得
實施。半年後，費邊被調離，新來的司令一味盲目進攻，導
致羅馬在凱薩一戰中大敗而歸，將士們死傷慘重，並累及元
老院八十位議員因此喪命。費邊自制策略的正確性終於得到
了證實，很快，費邊重新掌握了這支隊伍的領導權，最終讓
羅馬軍隊贏得了戰爭的勝利。

溫特爾・菲利普斯（Wendell Phillips）自問自答說：「失
敗是什麼？失敗是成功的必經階段，是成功的基礎。」很多
人都是在經歷了無數次失敗之後，才最終走向成功的。沒有
失敗，便沒有成功。那些堅強的人，會因為失敗而受到鼓
舞，變得更加勇敢。如果沒有經歷失敗，他們可能一事無
成。失敗讓他們知道了他自身的力量是多麼強大。

那些意志堅定，勇氣十足的人根本不會把困難放在眼
裡，他們失敗後會立即重新開始。那些永遠也不認命的人，
從來都不會失敗。格蘭特是一個非常勇敢的人。無論什麼時
候，他都能夠為自己所愛的人戰鬥不息，即使流血犧牲，也
不會有任何畏懼。這樣的人，就算身處絕境，也能夠化險為
夷。拿破崙眼中只有勝利，沒有失敗，所以他才能夠反敗
為勝。

自信、意志是強者必備的要素之一，缺一不可。在失敗

面前，他的勇氣和毅力可以激發他產生出戰勝困難的鬥志。比徹說：「人們的肌肉之所以變得更加結實，人的骨骼變得更為堅硬，是因為那個人遭受到了失敗。一個人，經歷的失敗越多，就會變得越堅強。」

成功者事業有成的原因就在於：他們能在別人退縮時前進，在別人放棄時堅持；在前景一片黯淡時，用自己的努力創造出光明的未來。

》　意志要堅定

眾所周知，龍捲風具有非常強大的破壞力，乾枯的樹枝、腐爛的樹幹等所有脆弱的東西都可能被它摧毀。能夠經得起考驗的，都是那些結實的樹枝和樹幹。那些建築牢固的房屋都安然無恙，而那些由缺乏經驗的人用廉價材料建築的房屋幾乎全部倒塌，儘管它們的外觀非常漂亮。同樣道理，那些意志不夠堅定的人，在危機到來的時候，往往最先倒下。

一個人如果意志堅定，那麼他不管遇到多大的困難，都會堅持不懈地奮戰到最後一刻；反之，一個人如果意志不堅，面對小小的困難就猶豫徘徊，必然不能堅持走到成功的終點。總之，人們成功與否，與其是否擁有堅定的意志有著

緊密的關聯。不少期盼成功的人之所以一輩子都未能如願以償，就是因為自身意志不夠堅定。每次遇到困難，他們不是想方設法去面對，去解決，而是一味畏縮逃避。

工作中的一切困難都能藉助堅定的意志克服。沒有人願意信任那些意志不堅的人，這類人在做事時，自己對自己都沒信心，更何談贏得他人的信任與支持？他們不管做什麼工作都是三心二意，總以為自己不適合現在的工作，換一份工作情況會好得多。因此他們做起手頭的工作永遠都是馬馬虎虎，敷衍了事。這就解釋了為什麼有那麼多人都沒有取得成功，他們不是因為能力不足，也不是因為缺少奮鬥的目標，只是因為缺少了堅持。

每個人都有獲得成功的才能，但要將這種才能發揮出來，最終贏得成功，就一定要持之以恆，不斷奮鬥。成功者都擁有無比堅定的意志。這種意志會幫助他贏得別人的信任，進而獲得更多成功的機會。意志堅定者成功的機率比一般人要大得多。如果建築師在設計好圖紙以後便不再改動，每天按部就班地按照圖紙施工，用不了多久，建築就能成型；反之，若建築師總覺得圖紙還需要改動，改完這裡又改那裡，始終不能確定最終的方案，那麼他的設計便只能停留在紙上，永遠無法開始施工。

成功者必須具備兩項特質：一是堅定的意志力，二是超

強的忍耐力。成功者都有著堅定的意志，一旦下定決心，便會勇往直前。無論中途遭遇多少艱難險阻，都會勇敢面對，堅持到底。意志堅定者更容易帶給人們希望和勇氣，因此他們更容易取信於人。在困境之中，意志堅定者絕不會輕言放棄，他們會想方設法解決問題。就算實在沒有辦法，必須要以失敗告終，他們也不會放棄對成功的追求。一旦找到翻身的機會，他們馬上又能重整旗鼓，繼續奮戰。人們經常會問這樣的問題：「他還沒有放棄嗎？」這裡的「他」指的就是這些有著堅定意志、百折不撓的人。不管身上的壓力有多大，他們都能堅持到最後一刻。

　　格蘭特將軍曾在美國南北戰爭中立下赫赫戰功。在這次戰爭的過程中，有一次，他在紐奧良不慎墜馬，傷勢嚴重。要求他前去指揮查塔努加一戰的軍令就在這時傳來了。當時，他所在的聯邦軍隊已被南方軍隊圍困其中，對他們而言，失敗似乎已在劫難逃。當夜晚到來時，敵方的炮火遍及四下的群山，像是無數明亮的星辰不斷閃爍。聯邦軍隊的補給已經斷絕，收到軍令後，格蘭特只好咬牙強忍著身上的劇痛，趕往全新的戰場查塔努加。一路上，格蘭特一直躺在由馬拉著的擔架上面，在四名士兵的護送下，沿著密西西比河一路北上，越過俄亥俄河及其支流，穿越無盡的原野，最後總算抵達了查塔努加。這位優秀指揮官的到來，為整支軍隊

帶來了新的希望。到了這樣的時刻，能夠幫助聯邦軍隊轉敗為勝的就只有格蘭特了。他憑藉著自己堅強不屈的意志大大鼓舞了軍隊的士氣，在他還未下達任何軍令之時，聯邦軍隊就已迅速奪回了周圍被搶走的山頭。

強大的意志與勇氣是否能改寫一切？如若不然，荷雷修斯（Horatius Cocles）怎麼可能只帶著兩名戰士就逼退了托斯卡尼的九萬大軍？李奧尼達一世又怎麼可能在溫泉關擋住波斯百萬軍隊的大舉進攻？特米斯托克利（Themistocles）又怎麼能夠粉碎波斯的戰艦，令其葬身海底？凱薩又如何能夠僅憑一支長矛，一塊盾牌，便將鬆散的軍隊集中起來，迅速反撲，扭轉敗局？維克爾里德如何能夠在萬箭穿心時，依然勇往直前衝出一條大道，讓戰友們循著這條道路最終走向成功的終點？拿破崙又如何能夠在自己的軍事生涯中戰無不勝，攻無不克？內伊（Michel Ney）又如何能夠在自己指揮的上百場戰役中接連取勝？威靈頓將軍又如何能夠在戰場上永久保持常勝將軍的美譽？謝里登（Philip Sheridan）將軍又如何能夠在聯邦軍隊大敗時，趕至溫徹斯特，僅憑一人之力扭轉乾坤？謝爾曼（William Sherman）將軍又如何能夠獨自衝上戰場，透過對士兵的鼓勵，達到振奮軍心的效果，最終令自己的軍隊立於不敗之地？

一個意志足夠堅定的人，就算才能欠佳，也不會對他們

的成功之路造成阻礙。相反，一個人若是意志不堅，必然會走向失敗，哪怕他擁有再出眾的才能都是枉然。

一個人必須要具備堅定的意志，才能最大程度地發揮自己的潛能，在成功的道路上勇往直前，順利抵達勝利的終點。

愛默生說：「生活的其中一個目的便是培養堅定的意志。」這句建立在人類本性基礎上的名言確實非常有道理。約翰·斯圖亞特·穆勒（John Stuart Mill）也說：「人們的性格取決於意志。」

人們的成敗直接取決於意志的強弱。意志力與創造力類似，同為人類強大力量的精神來源。人們根本無法估量強大的意志力能夠產生多大的力量。

人們的性格決定其命運。要想成就一番大事業，就必須要具備超人的意志力、創造力與決策力，而這三種高尚的品格卻正是無數人所欠缺的。他們原本有足夠的才能獲得成功，卻因為品格上的缺陷，無奈地走向了失敗。加利森、固特異（Charles Goodyear）、威柏福斯（William Wilberforce）、西拉斯·菲爾德（Cyrus West Field）、俾斯麥、格蘭特，這些偉大的人物之所以成就顯著，正是因為自身擁有強大的意志力，造就了最堅強的品格，才能支撐自己走向最終的成功。

希奧多·凱勒博士說：「人類社會的一大憾事便是意志力

的普遍匱乏，做什麼事情都很難堅持到底。」

由於判斷力與意志力的匱乏，往往使一些人在困難面前止步，輕而易舉地喪失了前進的勇氣與鬥志。他們習慣將成功的希望寄託在那些強者身上，只因為不相信自己同樣有能力成為強者，獲得成功。這種人自信心嚴重匱乏，完全沒有勇氣獨立創新，展示出自己與眾不同的一面，唯有安分守己，亦步亦趨地追隨在強者背後，讓自己原本可以十分精彩的人生最終浪費在庸庸碌碌之中。人生最大的悲劇莫過於此。

一家保險公司在全世界都赫赫有名，其總經理說：「公司發展過程中最大的困難就是招不到傑出的員工。在公司的招募過程中，才能過人的應徵者不在少數，可是意志堅定者卻寥寥無幾，而這類人恰恰就是公司最想要的人才。測試一個人的意志是否堅定，是我們公司在招募考試中的最後一個項目。我會對應徵者說，要想在競爭激烈的保險行業嶄露頭角絕非易事。然後，我會觀察應徵者對這句話的反應，他們的意志是否堅定，便會在其中有所表現。」

在這項測試中，絕大多數人都表現出意念的動搖，能堅持自己的選擇，不被困難嚇倒的只占了極少數。總經理透過這種途徑，篩選出意志堅定的優秀人才。不出所料，這些人在進入公司後，工作表現佳，為公司的發展注入了最新鮮的

血液。公司要想發展壯大，必須要多引入這樣的人才。

是否擁有堅定的意志力，超強的忍耐力，以及過人的勇氣，也是公司評判員工優劣的三大標準。員工們一旦符合了這些標準，就能得到重用。與它們相比，才能的高低反而是其次才會考慮到的因素。

總經理繼續說道：「人才是我們最大的財富。正是因為我們的公司裡匯聚了這樣一批意志堅定的人才，才使得我們有了今天的發展成就。由於他們的努力付出，令我們公司的工作效率超出別的公司幾倍。我認識的百分之九十的成功者都是因為意志堅定才取得了成功，純粹依靠天分獲得成功的僅占了百分之十。普通人要想成功，當然不可能寄希望於這種可遇而不可求的天分。」

要想成功，除了需要堅定的意志，還要有強大的勇氣。勇氣可以讓人們勇敢地面對前進道路上的一切困難，最終走向成功。這也是幫助人們在職場上立於不敗之地的必要武器。

商人、企業家最喜歡聘雇的年輕人，就是那些工作賣力、反應敏銳、思維清晰、意志堅定的人。有豐富商業經驗的年輕人不僅辦事效率高，而且工作品質上也趨於完美，他們無疑會在社會中找到屬於自己的位置。

無數本應成就顯赫的年輕人，卻因缺乏勇氣和堅定的意

志最終一事無成。一位博士曾說：「意志不堅導致了許多年輕人的失敗。」才能在成功的道路上固然重要，但若是缺少了堅定的意志，再才華蓋世的人恐怕也難以擺脫失敗的結局。成功絕不會屬於那些一遇困難就逃避畏怯的人。堅定的意志會幫你贏得別人的信任與尊敬，不管你遇到什麼困難，別人都願意提供幫助。如此一來，便能為你的前進道路掃除不少障礙。

才智出眾，意志堅定並具備超強忍耐力的人，必定會同時具備良好的聲譽，所有公司都會歡迎這類人加入。相反，沒有公司願意接收那些缺乏自信，意志薄弱，總想依靠別人，缺乏獨立自主精神的人。

在英語這種語言中，最能引起人們關注的莫過於「I will」，亦即「我要」這兩個單詞。這樣簡單的兩個詞彙，其內涵卻極為深刻，包含著自信、決心、意志等等。人們說出了這兩個詞，就代表著要不惜一切代價去追求成功。無論在通往成功的道路上將遇到多少艱難險阻，都要以無比堅定的意志迎難而上，勇敢地戰勝它們。人們的理想與抱負全都包含在這種強烈的意願之中，並在這種意願的驅使下產生非凡的前進動力。它將激勵人們勇往直前，克服重重阻礙，最終抵達勝利的終點。

年輕的人們如果想成功，就應從現在開始，有目的性

地培養自己堅強的意志。沙曼說：「要參透人生的本質，選擇正確的奮鬥方向，就必須深刻領悟到堅強意志對人類的意義。」

斯皮里宗・路易斯（Spyridon Louis）是一位希臘的農民，同時也是奧運會馬拉松項目的冠軍，他用自己的經歷充分證明了堅強意志對人們的重要性。這裡引用一則有關他的新聞報導：

》　打拚在人生的賽場上

在贏得冠軍之前，斯皮里宗並未接受過任何系統的訓練。他在成為運動員之前，便立志要為國爭光；在成為運動員之後，便開始為實現這個目標不斷努力奮鬥。不管參加什麼比賽，他總是懷著「誰與爭鋒」的必勝信念，遙遙領先於其他選手。他的父親在送別他離開家鄉的時候，曾擁抱著他說了這樣一句話：「孩子，你除了成功，別無他選。」兒子用滿臉的自信與堅定作為對父親的回應。

父親在比賽開始之前就堅信兒子一定是最後的勝利者，因此他便在終點做好準備，要迎接兒子的勝利到來。他在那麼多參賽選手中間，一下子就發現了兒子的身影。斯皮里宗果然沒有辜負父親的期望，一馬當先，將其餘選手遠遠拋在

後面。他取得冠軍的那一剎，全場歡聲如雷，父親激動得滿眼淚光閃爍。

斯皮里宗接過冠軍獎杯，場內的氣氛熱烈到極點，鮮花、讚美、掌聲像潮水一樣向他湧過來，他甚至還收到了國王和王子的熱情祝賀。

然而，斯皮里宗最在意的卻不是這些，他焦急地尋覓著自己的父親。越過身邊環繞的王公貴族與美麗少女，越過無數手舞足蹈、歡喜不已的同胞，越過慷慨給予自己掌聲和褒揚的國外友人，斯皮里宗終於找到了因情緒過分激動而忍不住發抖的父親。他緊緊擁抱住自己的父親，等父親的情緒緩和下來時，他說：「爸爸，我沒有讓你失望，我贏了，我的夢想也終於實現了。」

運動員要有堅定的意志力，因為這可以幫助他們在比賽中取得勝利。而我們每個人要想充實自己的人生，成就一番事業，也必須努力培養自己堅強的意志力。

馬修斯（Gareth Matthews）教授說：「不同的人在培養堅定意志時所需的時間也不一樣。但是只要持之以恆地為之付出努力，任何人都會有所收穫。比起你日後的成功，在這個過程中所付出的一切都是值得的。」

赫胥黎（Thomas Huxley）教授說：「人生之中至關重要的一項內容就是要接受教育。培養人們自我控制的意志力，

便是所有教育成果中價值最大的一項。某件事如果你不想去做，但是有責任去做，你所受的教育就會驅使你履行自己的職責。人們的一生都在接受教育，在這個過程中，對意志力的培養貫穿始終，而教育的最終目標便是培養最堅強的意志。」

不斷下水練習是學會游泳最好的方法，同樣的，想方設法尋找各種各樣的途徑跑步也是練習跑步的最佳方法。要培養堅定的意志，就不應放過生活中任何一個微小的磨練意志的機會。有一位出名的英國評論家說：「人們要想收穫多於付出，就應時刻保持清醒的頭腦，持之以恆地磨練自己的意志。」要培養堅定的意志力，最有效的方法就是堅持不懈地磨練。在這個過程中，人們的意志力每天都會有所進步。

»　增強自我控制力

要成為一名間諜，必須要有極強的自我控制力。對於這類人而言，任何小小的失誤都可能造成不可估量的損失，甚至會因此葬送自己的性命。有一位間諜，在落入敵人手中後，一直假裝又聾又啞，不管對方採取什麼手段折磨他，他都強忍著沒有露出丁點破綻。敵人無奈地說：「唉，這人果然是個啞巴，什麼都問不出來，乾脆放了他吧！」間諜知道

自己有希望脫身了，但在這樣關鍵的時刻一定不能得意忘形，露出半分破綻，所以他還是木然站在原地，一動不動。敵人終於信以為真，說道：「這人不是啞巴，就是傻子！」他們最終釋放了這名自制力極高的間諜。

《相夫教子》一書中寫道：一個連自己都控制不了的母親，如何懂得教育孩子？家人相處，最重要的是要有和諧溫暖的氛圍，母親在家庭之中發揮著至關重要的作用。有個成語叫做「以身作則」，在行動中樹立榜樣遠比說教來得更有效。母親若是自己都做不好，如何還能教育自己的孩子？只有沉著溫和、以身作則的母親才能教育出真正懂事的孩子。

當一個人深陷絕望悲觀的情緒中時，是不適合作出任何決定的，尤其是可能會對自己的一生造成重大影響的決定。因為在這種情況下作出的決定往往都是衝動而錯誤的決定，會使人更加身陷泥淖，難以振作。

身處絕望悲觀中的人們，在情緒恢復正常之前，根本沒有作出正確決定的能力。要證明這一點最好的例子就是，很多女性會在極度消沉的情況下作出決定，嫁給自己並不喜歡的男人。所以，要避免在這時候做任何決定。

不少男性在事業受挫時，會消極地決定破產。殊不知這種挫折只是暫時的，只要他們不輕言放棄，繼續奮鬥下去，便可以贏得最後的成功。正在痛苦中煎熬的人們，即使明知

這種煎熬終會過去，但他們還是不由自主地作出了錯誤的決定，甚至有些極度脆弱的人選擇了結束自己的生命。很顯然，人的判斷力會在痛苦煎熬中消耗殆盡。

不少人只為了宣洩一時的衝動開始做某件事。詹姆士・波爾頓說過：「在做任何決定之前都應該考慮清楚，切忌魯莽行事，否則將可能引起不可估量的損失。」喬治・艾略特說：「很多女性之所以境況淒涼，起因只是她們一時的衝動，錯下決定。」

很多人不知道，年輕時的林肯脾氣非常暴躁，經常為一點小事就怒火衝天。他在意識到這一點以後，便開始努力改善自己的性格缺陷，終於將自己變成了一個沉著冷靜的人。他對自己的朋友弗尼上校說：「我之所以有現在的成就，是因為在黑鷹戰爭過後，我發現了自己性格上存在的不足，於是不斷提醒自己改正，並取得了成功。」真正強大的人，絕不會以衝動火爆的方式炫耀自己的能力。這類脾氣暴躁的人也永遠不會得到人們的尊敬。

新上任的船長對全體船員說道：「從現在開始，我就是這條船的新任船長。作為一名士兵，你們全都要向我這名軍官負責，我的任何命令你們都要無條件地服從！」船員問道：「那您要命令我們做什麼呢？」船長回答說：「無論什麼命令你們都要照辦，而且我可以隨時向你們發火，用一切詞

彙罵你們！」試問這樣一位船長，會贏得民心嗎？

戰場上的拿破崙，不管對手多麼強大，都不會有半點驚慌失態。然而，當他在荒島上度過生命中的最後一段時期時，卻常為一些微不足道的小事情跟哈德遜・羅爾（Hudson Lowe）爵士發生爭吵，儀態盡失。

還有一個人，雖然他家境貧寒，但他一直勤奮苦讀，最終憑藉自己的辛苦付出取得了事業的成功及大眾的認可。可是，他卻犯了一個愚蠢的錯誤 —— 情緒失控，因此毀掉了自己的努力成果。這就好比一個不按常理出牌的藝術家，不眠不休地在一塊上等大理石上仔細雕刻著自己的作品，卻突然在快完成時用錘子將其砸毀，然後再找一塊大理石重新雕刻。生活中雖然不太可能真的存在這樣的人，但肯定存在與之相似的人。

當我們還是孩子的時候，就開始學習控制自己的情緒。在之後的人生旅途中，無論遇上多少坎坷與磨難，這種本領都會保護我們免受更大的傷害。要獲得健康的身心，絕非藥物所能辦到，愉悅平和的心境才是最重要的。長期處於暴躁焦慮的狀態，會引發各類疾病，對身體和心靈都造成極大的傷害。

舉例來說，想要避免亂生氣並非難事，只要將憤怒產生的根源滅絕就可以了。人們在做一些事時，往往不會考慮到

後果有多麼嚴重，只顧橫衝直撞，無法自控。殊不知你為逞一時之快，肆意發洩怒火，卻為自己的一生都留下了不可磨滅的陰影。假如你能徹底杜絕憤怒產生的源頭，將自己變成一個胸懷博大之人，就不會出現這樣的惡果了。你只需要待人以愛，便可以很容易地做到這一點。到了那時候，你便不會再輕易發怒。這個看似簡單的方法，其效果卻好得出奇。憤怒的大雨即將來臨之際，一縷友愛的陽光便可以將其化於無形，這就是寬容博大的思想所能產生的強大能量。

人們總是喜歡與那些溫文有禮的人交往，沒有人會喜歡那些焦躁古怪的人。對舒適愉悅的追求是人類的天性，沒有人會喜歡去碰釘子、找麻煩。成功之人切忌焦躁。一個沒有耐性的人在社會中幾乎寸步難行，不管他的才華多麼出眾，都不能挽回這種頹勢，許多人的一生都毀於「焦躁」兩字。老闆永遠不會重用那些缺乏耐性的員工，只有那些耐心細緻、滿腔熱忱的員工才會有更多的升職機會。

醫生告誡我們要克制自己的脾氣，煩躁、狂怒有損我們的身心健康，即使只是一小會兒也不例外。長期處於這種煩躁易怒的狀態等同於慢性自殺。因嫉妒成性、暴躁易怒而留下滿臉皺紋的女人是最醜陋的，而那些笑容甜美、神態安詳的女人，所有男人都喜歡。

有這樣一種說法，良好的心態可以使人永保青春。同理

我們可以推斷，暴躁的脾氣可以毀掉一個人的美貌。的確，怒火中燒的女人是毫無魅力可言的。沒人會認為一個潑婦很可愛，她們只會變得越來越醜陋、令人討厭，即使擁有傾國傾城的美貌的人，也逃脫不了這一下場。暴躁的脾氣還會損害我們的身心健康，縮短我們的壽命，無論男女都是如此，只不過在女人身上更加明顯。所有的女人都渴望青春、美貌，所以更應戒驕戒躁，因為挑剔成性、尖酸刻薄、暴躁易怒的個性會使妳的眼角眉梢爬滿皺紋，使妳離美麗的標準越來越遠。

心理醫生認為，人的任何內心活動都可以從臉上找到痕跡，因為人的面部神經十分敏感。即使你刻意隱藏，你的面部反應仍舊會暴露出你情緒的波動，焦慮緊張或者空虛煩躁。在我們的臉上，再細微的皺紋也足以成為發怒的證據，它們並不僅僅只是歲月刻下的痕跡。

輕鬆、舒適的生活狀態是每個男人都需要的和諧生活，這種生活也正是人們所苦苦追尋的。那些暴躁易怒的人是不可能擁有和諧寧靜的家庭環境的。他們的脾氣就像是火藥一樣極易點燃，使得他周圍的人時刻處於精神高度緊張的狀態，做任何事都戰戰兢兢、如履薄冰。沒有人會願意跟這樣的人一起生活。

沃德非常欣賞華盛頓，並盛讚他是全世界最優秀的人。

他曾這樣說道：「華盛頓從來不會被情緒困擾，他永遠都那樣鎮定自若，待人以誠。很多偉大的人物都不可避免地走向了失敗的結局，原因就是被自己的情緒所困。壓力之下，很多人都會焦躁不安，情緒失控。在這種情況下，怎麼還有可能獲得成功呢？危急時刻，這類人在逃生時見到一匹馬，往往都會不顧一切地上馬逃生，全然沒發覺有隻蜜蜂正在螫這匹馬。遲早馬會耐不住痛，行動失控，將馬背上的人摔落在地。面對追捧，這類人往往會得意忘形。可是他們忘記了，水能載舟，亦能覆舟。等到他們失勢時，當初追捧他們的人便會見風轉舵，一轉身便將他們踩在腳底下。但是，這種情況絕不會出現在華盛頓身上，像他這樣理智清醒的人，無論順境逆境，都能以平常心從容處之。」

第六章　做精神上的強者

　　對於弱者來說，理想是不可思議的，也是無法達到的。懦弱會使人變得自私又膽小。要是你讓軟弱、絕望的情緒滋長的話，那麼你將無病呻吟，甚至灰心喪氣。

　　你越覺得困難，你的思想就更應該強大，不向懦弱的思想妥協。人有時會出現體力完全耗盡的情況，但人的精神力量是無窮無盡的，它可以激發新的體力，讓人們克服困難，並在這一過程中變得更加堅強。

» 更高的目標才算目標

很多人在最初向成功邁進時信念堅定，但在前進道路上剛取得了一點成績就驕傲自滿，停下了進取的腳步，殊不知生命中還有比這大得多的成就在等待著他們。永遠不要滿足於現狀，因為這會將你所有的理想與信念消磨殆盡。

要取得最終的成功，必須學會不滿足。永不滿足者，才是最大的成功者。安於現狀、不思進取的人，便永遠將自己隔絕在更好的生活與更大的成就之外。

若想不斷進取，突破現狀，就必須樹立更長遠、更堅定的目標。為實現這個目標，努力付出便成為唯一的選擇。如果一個人在工作中安於現狀，只做好分內事，而不管其他，那他得到的就只有薪水，不包括獎金和其他晉升機會，因為贏得後兩者的就只有那些永不止步、不斷突破的人。

不要讓自己產生這樣的想法：我現在的工作成績已經足夠優秀，根本沒有進步的空間了，所以也無需多付出努力。不妨將自己想像成老闆，處在那樣的位子上，沒有人不想將工作做得更好。將工作做得更好一些，會不斷提升我的能力，有這種念頭的人永不會滿足於自己的工作現狀。工作對他們而言，不僅是一種謀生的手段，更是畢生的事業。他們以極大的熱忱參與到工作當中，以不斷提升自己的工作能

力，累積相關經驗為目標。這類人的工作成績必將遠遠勝於其他人。

人們應該對未來有信心，有期望。這一點對年輕人而言尤其重要，不要讓自己耽於安穩的現狀，而喪失了人生的鬥志。安於現狀是很多人都存在的問題，連一些才華出眾的人才也不例外。我有一位朋友，他的才華遠勝過他的老闆，可是他卻甘心多年屈居人下。我總是說，憑藉他的才能，完全可以自己做老闆，成就一番大事業。他給我的回應卻是：「我有什麼必要自己做老闆呢？我覺得自己現狀就很好，我只想這樣輕鬆自在地生活下去。沒錯，自己做老闆我也會做得很出色，可我不想自找麻煩，給自己太大的壓力。」權力與責任成正比，權力越大，責任越大。當然，權力帶給人們的不僅是責任，更包括發揮自己智慧與能力的廣闊空間，以及由此而生的成就感。假如認識到了這一點，那麼無論要為自己的權力負多大的責任，人們都不會有半分退縮。

人在每個階段都會設定不同的目標，要逐個實現這些目標其實並不難。然而，成功道路上有無數個這樣的目標需要實現，每達成一個目標，隨即就要加倍努力地追求更高的目標。有一點需要格外注意，我們的目標與最終的理想必須是正當而美好的，否則即使實現了對我們而言也沒有好處。可以這樣說，我們期盼得到什麼樣的生活，就會努力將自己的

生活變成什麼樣。

人類社會能夠發展到今天的程度，動力來源便是人類不斷提升的崇高理想。要實現自己的理想，就要不斷為之付出努力，在努力的過程之中，一步步接近理想。

人類生來就有追求進步的傾向。人們都希望透過不間斷的努力來實現自己的目標，包括外在財富的增加、內在涵養的提升、社會地位的提高等等。這些目標的達成在推動我們自身成長的同時，也會為我們贏得更多的肯定與褒獎。

然而，在這個過程中，一定要時刻警惕，切忌為小小的成就與褒獎心滿意足。否則，便會喪失了繼續前進的動力，在走向成功的道路上半途而廢。

年輕人在面對成就時，更容易產生驕傲自滿的情緒，所以說大器早成未必好。解決辦法就是要培養強大的意念，用更遠大的目標刺激自己產生更強大的追求，突破現狀，不斷進取。

人們不思進取的原因，不外乎眷戀安穩的現狀，畏懼未知的將來。安於現狀是人類進步的頭號障礙，只有逾越了這個障礙，才有贏得成功的可能，否則，失敗便成為一種必然。

只有堅持不懈、勇攀高峰的人才能登上最高峰，享受到

無與倫比的美麗風光與新鮮空氣。世間最糟糕的莫過於耽於現狀，不思進取。這種人沒有堅定的勇氣與信念一路前行，所以他們在成功的道路上永遠都只能淺嘗輒止。

要想獲得成功，必須要採取行動，努力朝新的目標邁進。不斷提出新目標的人，將在前進的道路上永不止步。他們在接近成功的同時，也為自己塑造了最完美的品格；反之，不僅距離成功越來越遠，連個人品格也會隨之變得平庸。

自詡為成功者的通常都是一些小角色，那些成就顯赫的大人物從來不會標榜自己的成功，因為他們認為自己永遠都走在成功的路上。成就越大，眼界越寬，目標也隨之越定越高。一個人若滿足於普通的職業，普通的業績，喪失了更高的追求，便會將自己置於被社會淘汰的邊緣。逆水行舟，不進則退，這個道理在任何領域都同樣適用。

追溯人們滿足於現狀的原因，最主要的來自親友。你的工作已經做得很不錯了，他們時常會這樣跟我們說，殊不知這樣的話會扼殺我們的進取心，讓我們在社會競爭中占據越來越不利的地位。我們應該有信心自己一定可以做得更好，取得更大的成就。只有堅持這樣的信念，並不斷為之付出努力，美好的理想才能最終實現。

成功人士永不滿足，在他們眼中，無論什麼事都有進步

的空間，都能做到盡善盡美。這樣的人，在前進的道路上永遠不會停下腳步。

》　無所畏懼

身為一名勇敢的普魯士將軍，澤帝茲備受人們尊崇。他的「伯樂」腓特烈發現他時，他的身分不過是一名中尉，毫不引人注目。那一次，澤帝茲領命，前去做國王的護衛工作。在過河時，國王突然問他：「要是敵人已經把過河的橋全都封死了，你會如何前進？」澤帝茲當即策馬躍入河中，迅速馳騁到河對面，此舉令他大受褒獎，旋即榮升為少校。

查理十二世曾經受困於施特拉爾松德。一天，他叫祕書過來，因為他要口授一封信，需要祕書幫忙記錄下來。在這個過程中，房頂突然掉下一顆炸彈。祕書大驚失色，查理十二世卻泰然自若，說道：「沒事，我們接著寫信。」

有一天，威靈頓公爵的書房中忽然闖入一名不速之客，大聲叫囂道：「我是亞伯倫，來拿你的命！」公爵並不驚慌，只說：「這麼稀奇，居然有人要殺我？」亞伯倫大叫：「不錯！」公爵問：「一定要今天動手嗎？」亞伯倫說：「我就是要殺你，管不了是哪一天了！」「那過兩天你再來吧，我現在很忙！」說著，公爵便埋頭繼續工作，這種大無畏的精神

令殺手都為之震懾。亞伯倫的情緒穩定下來，竟然就這樣走了，其後再也沒露過面。

為了讓礦工們在礦井下能夠安全工作，喬治·史蒂文生不顧危險，執意要研製安全燈。後來，他更親自到礦井中檢測安全燈的性能，他的朋友們全都因為憂心他的安危而戰戰兢兢。史蒂文生非但不以為意，在進入礦井之後，反而直接朝著最危險的地方走去。礦工們都明白這一舉動的危險性，紛紛迴避。

史蒂文生明白，死亡分分秒秒都在威脅著自己，但他還是義無反顧地往前走去。他拿著自己研製出來的安全燈，謹慎而鎮定地來到了目的地。在瓦斯籠罩下，安全燈先是變亮，接著不斷閃閃爍爍，最後燈火慢慢熄掉，四周一片黑暗。史蒂文生命懸一線，所有人的心也都懸在一起。最終，實驗獲得了成功，史蒂文生創造出煤礦照明安全燈。使用這種安全燈，就算礦井中存在可燃氣體也不會引起爆炸事故，從此大大減少了礦井事故發生的頻率。

舵手約翰曾在船上被困在大火中，起因是船的蒸汽發動機失火。為了船上所有人的安全，他放棄了逃生機會，堅持在烈火的包圍中繼續掌舵，直到駕船駛入港口。在這個過程中，約翰的身體慢慢被火焰吞噬，但他卻因此拯救了船上的其他人。人們為了紀念他，賜予了他一個偉大的稱號 —— 艾

里爾湖中的舵手英雄。

　　有句話是這樣說的：為了自己深愛的女人，男人會勇氣倍增，繼而收到由深愛自己的女人送上的勇士花環。一名斯巴達人在出征前，受到了母親這樣的叮囑：「盾牌會給你強大的保護，你要在這保護下勇猛出擊！」另有一名斯巴達人嫌自己的劍不夠長，他的母親這樣說道：「往前多走一步，這把劍的長度便綽綽有餘！」

　　帕里西最後的四年光陰是在監獄中度過的。那段時期，吉斯黨人得勢，國王亨利三世被這些人的政見左右，將支持改革的人全部判處死刑，於是帕里西便被關進了巴士底監獄。過了一段時間，國王來找帕里西，希望他能妥協，否則就將他和兩名女囚一同處決。帕里西說：「陛下，我覺得您比我更可憐。您要不是沒有了其他辦法，絕不會對我說這番完全不符合您身分的話。現在的您，已經失去了國王的氣度。不僅是我這樣認為，那兩位女囚也是一樣，我們都不會向您妥協！連一個小小的工人都不肯向您臣服，您就算貴為一國之君又能如何呢？」

　　有位年輕女孩與父母居住在英格蘭與蘇格蘭交界處的蘭斯頓燈塔中。西元一八三八年九月六日的清晨，當人們還在睡夢中時，年輕的女孩卻忽然被燈塔外淒厲的慘叫聲吵醒了。此時海面上一片疾風驟雨，巨浪翻湧，那陣慘叫聲就混

雜在巨大的海浪聲與風聲之中。

　　女孩看看自己的父母，他們仍在沉睡，顯然並沒有聽到這一切。於是女孩拿了望遠鏡向海面上張望，只見一艘船隻已是支離破碎，船頭被巨浪捲出半英里，掛在了一塊巨大的岩石上。船上的九個人則拚盡全力抱緊船身散落的木板，在風雨飄搖的海面上苦苦掙扎。

　　女孩急忙將父母喚醒。她的父親，負責看守燈塔的威廉姆望到這一幕以後，無奈地搖頭道：「不行，我們救不了他們！」

　　年輕的女孩眼淚都要掉出來了，她不肯死心，向父母乞求道：「我們一定要救他們，要不然他們就只有死路一條了。我們總會有辦法的對不對？」

　　父親被她的善心打動了，說道：「格蕾絲，儘管我很清楚這樣做根本就不可行，但是既然妳這樣堅持，我就滿足妳的願望，去試一下吧！」

　　父親與女兒一同划著一艘小船，在波濤洶湧的海面上艱難地朝那九名急需救助的船員駛去。這位柔弱的年輕女孩，在船員們一聲接一聲淒厲的呼救聲中，彷彿化身勇猛無敵的鋼鐵戰士，以無比強大的意志力與父親並肩作戰，終於來到了船員們身邊，將他們全都營救到了自己的小船上。

　　一位船員在看到自己的救命恩人竟是一名弱女子時，不由得稱讚道：「真沒想到在這樣的大風大浪裡救了我們的人竟然是一位年輕嬌弱的女孩！啊，親愛的女孩，妳這樣善良勇敢，上帝一定會保佑妳的！」

　　這位年輕女孩的壯舉使得整個英國都為之震撼，就連國王也對她肅然起敬，她是整個國家的大英雄。

　　勇敢不單單屬於英雄。成大事者固然需要勇氣，但許多看似平凡的小事，做起來也同樣不能缺少勇氣。在面對威脅或引誘時，只有真正勇敢的人才能堅持原則，剛正不阿；反之，軟弱與妥協則是許多罪惡的造就者。假如人們都能勇敢無畏地面對一切，這個世界將會發生多麼令人驚喜的改變啊！

　　無數偉大的人物以切身行動證實了他們超人的勇氣，也啟示後人，要鼓足勇氣面對生活中的一切考驗。朗費羅說過：「謹記先人的教誨，勇敢，但不要輕率！」瑞斯帕夫人曾詢問自己的丈夫：「你怎樣看待女人發火？」她的丈夫說：「女人發火是一件好事，證明她們有勇氣堅持自我。」

　　有「法國第一神槍手」之稱的大衛，曾在奧弗格納城保衛戰中獨自一人被困在城堡中。他為了自保，同時也為了造成敵人更大的傷亡，成功地擊退敵人，而不停地變換著窗口向敵人開槍。最後當全城投降，敵軍要求城堡中的衛隊也全

部投降時，只有大衛一個人持著武器從城堡中走出來，這令所有人大吃一驚。敵軍的首領見狀，命令他將整個衛隊都叫出來，他驕傲地回答道：「這都是我一個人幹的，城堡裡根本就不存在什麼隊。」

加里波底（Giuseppe Garibaldi）是一個有著超強控制力、無所畏懼的人，他曾僅帶領四十人，從羅馬出發去攻打其他地方。這些人嚴格服從命令並渴望早日完成任務，他們勇往直前，奮不顧身地衝鋒陷陣，即使當時所有人都不看好他們，認定他們可能會全軍覆沒。

為什麼有些領導人能令人心甘情願地投靠他、為他效命呢？他們究竟是憑藉什麼而對人們產生如此大的吸引力呢？他們既不是萬能的神，也不是有磁性的磁鐵。他們之所以能夠成為廣受愛戴的領導人，要歸功於他們無所畏懼的勇氣，這種勇氣具有強大的力量。

只有真正的勇敢者才能面對錯誤、果斷還擊。約翰·帕特森（John Patteson）主教出生於伊頓，他在十一歲時就曾勇敢宣布：「今後禁止在晚餐時間唱那些難聽的歌，否則我將辭去自己的職務並謝絕相關活動。」當隔天又聽到那首歌後，他果然說到做到，和他的追隨者一起果斷地離開了餐廳。他依約辭去了首領的職務，直到那些堅持唱那首歌的人妥協為止。格萊斯頓小時候也是如此，那時他住在伊頓，總

會在聽到錯誤的聲調時放下手中的杯子離開。他教會了許多同學在生活及飲食上自我節制，年輕的主教索爾茲伯里也是因為他才沒有步入歧途。

卡萊爾曾這樣評價路德的偉大之處：「在我心中，路德是歷代名人中真正的偉大者。並且，他的這種偉大是自然形成、卓越不凡的。這正如阿爾卑斯山，它高高聳立並不是為了追求偉大。他就像屹立於雲端並不停向上攀升的山峰，充滿了不可被征服的勇氣，我們只能仰望它。我們不必在廣場放置他的巨星雕像來紀念他，因為他的偉大無需用這種方式來紀念。」

英勇的行為能夠深刻地影響周圍人的生活，同樣的，道德上的勇氣也是如此。我們不管何時何地都應謹記，真正無所畏懼的人，是那些未被世俗的陰暗醜陋所汙染的人。阿瑟在哈佛求學期間，凡事始終都堅持公正及節制的原則。而他最後取得的非凡成就也正是源於這種堅持，這種道德上的勇氣對周圍人的影響力是極大的。

只有勇敢無畏、頭腦機智、體魄強健，並且為人剛正不阿、大方無私、純潔之人，才是上帝選中的，注定會取得成功的人。

» **堅持到底**

　　追逐夢想的過程如同在跑馬拉松，我們看不到終點，只能看清腳下的路。此時我們看不到前進的方向，天上的星星幫不了我們，手中的燈籠也只能照亮腳下的一小段路。我們別無選擇，只能永不言棄、不畏艱辛地堅持跑下去。我們每跑一步，就離終點更近一點，只要不放棄，總會到達終點的。這種希望之火就像手中的燈籠一樣，永遠照耀著我們，使我們無懼前路的曲折與艱難。所以，我們一旦確立了目標就應全力以赴、堅定不移地走下去。我們要勇敢地面對這條荊棘叢生、布滿石塊與陷阱的曲折道路，直至取得最後的成功。那些遇到困難就退縮的人，即使成功近在眼前，也會與它失之交臂。我們要勇往直前地向成功邁進，停滯不前只會使之前的一切努力都付諸東流，因為我們的精力畢竟是有限的。

　　在通往成功的道路上，時不時都會有新的問題出現，所以我們不可能一次將它們全部解決完，最終還會導致一個問題都沒有得到妥善解決。千里之行，始於足下，我們不要好高騖遠，應該一步一腳印，踏踏實實地過好每一天。如果我們總是光想不行動，最終將一事無成。我們在做事情的時候要本著一種務實的精神，穩步向前發展，即使慢一點也無所

謂，反而更容易創造輝煌的成就。因為在這個過程中，我們的精神狀態變得更加飽滿，我們的鬥志也變得更加昂揚。我們想要實現自身理想、陶冶情操、磨礪意志、拓寬視野、激發思考能力，都需要持之以恆、樂觀積極地去奮鬥。

人的言行舉止都會在無意間暴露出他的生活態度及目標，這是人內心的真實寫照。我們可以透過一些瑣事看出一個人的氣度和涵養，而他的人生方向也將從他對待生活的態度上展現出來。生活會因為有夢想而變得有趣，雖然追尋夢想的道路十分艱苦，但我們也必須懷抱著希望。

尼羅河戰役發生的前一天，在納爾遜（Horatio Nelson）描述完自己的策略方案後，巴里上尉興沖沖地問：「要是我們勝利了，人們會給我們怎樣的評價呢？」

納爾遜說：「在戰場上什麼情況都有可能發生，所以在這種時候，做任何假設都是毫無意義的。我們的軍隊毫無疑問會是勝利的一方，但是誰能自殘酷的戰爭中存活下來，將自己經歷的一切講述給旁人聽，現在還是未知數。」

聽了這話，軍官們都站起身來，自會議室返回了自己的軍艦。納爾遜在他們身後，又補充道：「明日此時，我要麼已取得了在西敏寺的墓地中安寢的殊榮，要麼已獲得了高尚的貴族頭銜。」他的雙眼目光如炬，當所有人都在為失敗擔憂時，他的內心卻被必勝的信念充斥得滿滿的。

　　拿破崙派出一些工程師前去探索一條能穿越阿爾卑斯山的路。當工程師們返回時，拿破崙指著這條路問他們：「從這條路直接穿過去可行嗎？」他們含混地回答道：「也不是完全不可行。」對於他們的話外音，拿破崙並未在意，當機立斷地說道：「那我們馬上前進！」他雖然長得並不高大，說出來的話卻很有力量，全然不理會工程師們的暗示：從這條路穿越阿爾卑斯山勢必凶險重重。

　　當拿破崙想從這條路穿越阿爾卑斯山的消息傳來時，英國人與奧地利人都忍不住鄙夷地冷笑起來。那是個「過去從來沒有，以後也必將不會有車輪碾壓過的地方。」他們倒要看看帶領著七萬大軍，拖著沉重的大炮、彈藥，以及其他策略儲備的拿破崙，到底要如何越過那片不毛之地！

　　拿破崙麾下的馬塞納（Andre Massena）將軍受困於熱那亞，軍隊糧草殆盡。奧地利人本以為自己已是勝券在握，哪可知拿破崙竟會突然帶著軍隊趕到，令他們措手不及。就算是阿爾卑斯山也嚇不倒偉大的拿破崙，他率領著大軍成功翻越了這座高山，最終取得了這場戰爭的勝利。

　　人們總喜歡在一件先前幾乎被所有人斷定不可能發生的事情成真時，跳出來說這件事早該做成功了。那些先前在這件事上栽跟頭的人則會努力幫自己的失敗尋找托詞。為了粉飾自己在困難面前的懦夫形象，他們不惜將困難無限誇大，

以證實並非自己懦弱，而是任何人遇上那樣的困難都會無能為力。與拿破崙相比，很多將領缺少的只是堅持到底的勇氣與信念，而非其他硬體裝備，諸如穿越高山必備的工具，擅長在山路中行走的士兵，作戰中所需的武器裝備等。當面對旁人難以想像的困難時，拿破崙選擇了迎難而上。他對勝利有著強烈的渴望，這種渴望促使他就算沒有機會，也要為自己創造機會，並抓緊這難得的機會贏取輝煌的勝利。

對人們而言，希望遠比夢想的價值大得多。希望也是想像的一種，但是它往往預示著未來，具有很大的實現可能。因為希望產生的基礎正是現實，它是想像沒錯，卻是最合理的想像。當你身陷茫然，意志薄弱，找不到人生的價值所在時，希望會給你指明道路，讓你堅定信念，意志堅定地奮鬥下去。

無論如何，人們都應該保持希望。只要緊握一線光明的希望，便可以在茫茫黑夜之中堅持到底，最終找到光明的所在。

有了希望，才能將人們的潛能釋放出來，才能激起人們的鬥志，為實現自己的人生目標不斷奮鬥，最終達到自己的期望，將夢想真正變為現實。

要是南方與北方的冬天一樣寒冷，那麼候鳥當然不會生出到南方過冬的希望。人類之所以會產生希望，不斷朝著更

遠大的理想前進，原因無非是對現狀不滿意，期待能透過自己的努力，贏得更加美好的未來。每個人都希望生活得更好，沒有人希望自己的處境越來越糟糕。每個人都希望能充分發揮自己的才能，實現自己的人生價值，令自己一生無憾。

希望要切合實際才有可能變為現實，因此人們在確立希望時一定要掌控好，不要讓希望淪為不合常理的空想。所有人都要珍視希望，最終才能將其變為現實。

人們之所以生存在這個世上，完全是因為理想的支撐。一個人的生命究竟有何價值，透過他的人生理想即可獲得深入了解。

要想意志堅定，必須要有希望做嚮導。只有這樣，才能讓思想穩定下來，堅如磐石。因此，遠大的人生理想對所有人而言都是必不可少的。當一個人有了明確的希望和目標，他的思想就再也不會受到惡劣環境的侵蝕，他便可以義無反顧地奮鬥到底。

希望最終往往會變為現實。只要人們能透過合適的途徑，發揮自己的才能，不管有什麼樣的希望，諸如想擁有高尚的靈魂，健康的身體，巨大的財富，高高在上的權位等等，通通都可以實現。希望能賜予人們強烈的進取心，釋放人們的潛能，讓人們能鬥志昂揚，不懼艱難，堅持不懈地奮

鬥到底，最終取得意想不到的成功。

人們只要緊緊握住希望之光，矢志不渝地付出努力，便一定可以成為最後的成功者。那些不重視希望的人，往往會錯失很多成功的良機，最後的結局往往是庸庸碌碌，一生無所作為。

如果將人的一生比作修建一棟大廈，那麼必須要在動工之前，確立可以將其修建成功的希望。這種希望無疑會在修建的過程中發揮重要的作用。工程師往往會在大廈動工前，就已經將建築藍圖描繪好。而成功人士總會在開始行動之前，就充滿了對成功的希望。

當然，計畫制定好以後，更重要的是付諸行動。如果在行動的過程中鬆弛懈怠，那麼再好的計畫也沒有實現的可能。這就好比建造一棟大廈，工程師設計的藍圖再好，不開工建設也是白費。

在通往成功的道路上，我們要奮勇向前，堅持到底。只有這樣，令人憂慮的結局才永遠都不會發生，而我們也能在這個過程中培養優秀的品格。

每個人都應讓自己的內心充滿希望，只有這樣，才能擁有堅持到底的動力，才有可能實現這些理想。

» 樹立必勝的信念

　　無論做什麼事，都要有這樣的信念：我一定會成功！一個對自己的能力完全不確定，滿心惶恐的馴獸員是不可能成功的。要想成為一名成功的馴獸員，必須要樹立這樣的信念：「若是連我都馴服不了這些野獸，那就沒有人能馴服牠們了！不用懷疑，我一定可以成功！」馴服野獸絕非易事，但只要有了必勝的信念，再困難的事也會變得簡單。

　　無數事實向我們證明，只有堅定信念，才能獲得成功。一個人的勇敢自信，會在眼神中表露無遺。我們一定要戰勝自己眼神中的畏怯，堅定自己內心的信念。成功之路艱難坎坷，稍有不慎便會造成不可預計的後果。在這種情況下，沒有必勝的信念，相信自己一定能成功的人，必然走向失敗。目標的達成必須要有決心，這一點不管對什麼人都同樣適用。

　　一名商人，若總是對自己持懷疑態度，成功便會自動遠離他，那麼他如何在商業領域建功立業？要想功成名就，只需具備一個條件就可以了，那就是必勝的信念。任何事在開始之前結局就已基本確定了：你懷有什麼樣的信念，便會得到什麼樣的結果。做事之前先要考慮清楚，就如設計好圖案之後才能開始織布。我們行進的方向由信念指引，最終能夠

將我們引向成功的則是必勝的信念。

那些對未來完全沒有信心的人，在行動之前就已經失敗了。在這個世界上，窮人占據了大多數，或許你就是那大多數中的一員。若你還在為此愁眉不展，無計可施，那麼將來等待你的依然會是貧窮，不會有任何改善。一個學生，若對自己升學的能力毫無信心，在應該埋頭苦讀的時間，他卻在抱怨重重，那等待他的結局必然是升學失敗。一個年輕人，若在失業後便膽怯懷疑，完全不再信任自己的工作能力，那他很難再找到一份好工作。

一個連自己都看不起的人，如何能叫別人看得起？又如何能有勇氣，有毅力追求自己的事業？人們總說對自己評價過高的人惹人反感，殊不知對自己評價過低的人更遭人憎惡。我從未見過一個自我評價極低的成功者。因為人的自我期望與成就是成正比的，期望值越高，相對應的成就也就越大。一個根本看不起自己的人，其自我期望值如此之低，又怎能成就一番大事業？

若認定自己是個平凡的人，你的表現絕對不會出眾。自我感覺欠佳者，其大部分潛力都將得不到開發。人應該客觀地評價自己，制定合理的奮鬥目標，唯有這樣才能得到應有的成就。

最可悲的是，很多人在孩童時代，就已喪失了必勝的信

念。家長和老師或明顯或隱晦地告訴他們，由於他們才能匱乏，日後定然難有所成。這種行為的惡劣程度比起犯罪有過之而無不及，因為它將孩子對未來的信念與勇氣毀之殆盡。孩子們學到知識的多寡並不是最關鍵的，最關鍵的是他們對人生樹立了怎樣的態度，這一點極少有家長或老師能夠明白。

我認識一些人，他們都立志要功成名就，其中有人的理想是當醫生，有人的理想是做生意，還有的人想當律師。可惜，他們最終都沒有實現自己的理想，原因就是不具備必勝的信念，在小小的挫折面前就信心盡失，自動繳械投降。成功從來不屬於這樣的人。

我也認識一些與之截然相反的人，他們對工作熱情洋溢，對未來充滿信心。他們立志成功，便不會因為任何挫折而產生動搖。堅定的信念彷彿成為一種器官，牢牢生長在他們體內。人們要在工作生活中投入百分百的熱忱。失去了熱忱，也就意味著失去了靈活的思維與堅定的意志，失去了追求成功的意念，最終失去了人生的所有快樂。因此，不管周圍的環境多麼糟糕，人們都應時刻保持熱忱。

信念堅定是所有成功者的共同特徵。他們似乎天生就要與成功結緣，失敗從來不會成為他們思考的問題。他們所持有的堅定信念，永遠不會因為別人的懷疑與輕視發生動搖。

這一點對於他們至關重要。只要有勝利的把握，他們便會毫不猶豫地展開行動，追求成功。他們身上具備的成功者的潛能，使得他們在生活中頗具領袖風範，面對任何情況都能處理得當，游刃有餘。這對其身邊人的生活也將產生影響。

人們的潛能會因強大的信念而得到最大的發揮，信念能夠創造奇蹟。成功者必定信念堅定，而失敗者之所以會走向失敗，信念不足便是主要原因。在挑戰面前，失敗者沒有必勝的信念迎難而上，只會一味畏懼退縮，讓成功距離自己越來越遠。

要想令人記憶深刻，就必須展露出強者的姿態。終日滿懷猶疑與怯懦，是失敗者才有的姿態。持有必勝信念的人，其自信會從心底散發出來。有的人儘管心裡完全沒信心，卻還要假裝自信滿滿，結果輕而易舉就被人看穿了。真正信念堅定的人，擁有令人絕對信服的氣場。

贏得別人的肯定與支持，是每個人在工作過程中都會產生的需求。人們希望所有人都能認同自己的計畫，並據此展開各項工作。例如，醫生想得到病人的倚賴，律師想得到客戶的信任。然而，這種希望的達成需要有堅定的信念做支撐。如果他們對自己都沒有信心，不相信自己可以做好這份工作，又如何能奢望別人給自己這樣的評價呢？我們並沒有太多時間可以浪費，想要成功的話，從這一刻開始就要堅定

信念，付諸行動。假若一直遲疑不決，瞻前顧後，只能錯失成功良機，日後悔之晚矣。

若現狀不能叫你滿意，便要馬上行動起來改善這種狀況。與眾不同的成就，源自與眾不同的信念。不要讓各種雜念侵蝕了你的意志，堅定地朝著自己的預定方向行進，成功就在前方。

若幾個人才能相當，最先成功的必定是信念最為堅定，敢作敢為的那一個。沒有必勝的信念，對自己的才能明顯缺乏自信，這樣的人如何能取得成功？只要有信念，黑夜絕不會統治我們的一生，黎明的到來只是遲早的問題。成功的道路迂迴曲折，走到終點的只會是那些懷有必勝信念，永不言敗之人。古往今來，成就非凡者，無論遇到怎樣的困難，都不會對自己的能力產生半分懷疑。信念動搖，信心盡失，無數人因此在成功大道上半途而廢，試問天下間還有什麼比這更悲哀的呢？

成功者必須具備這樣的特質：堅定信念，無論在何種情況下都毫不動搖。人類社會之所以能發展到今天，信念的推動力不可小覷。成功的道路上磨難無數，信念稍有動搖便會半途而廢。懷有必勝信念之人，對未來的成功自信滿滿，所以他們能夠在磨難面前鎮定自若，從容應對。成功最好的拍檔便是這種信念，唯有它能夠支撐人們時時刻刻保持旺盛的

鬥志，奮勇打拚，堅持不懈。所以，不管情況多麼糟糕，未來看起來多麼黑暗，我們都要保持必勝的信念，勇敢堅定地走下去。成功人士的一個共同點就是，無論何時何地，他們都能保持堅定和信念和旺盛的鬥志。這種精神最終將他們推向成功的高峰，高高在上俯視下面隨波逐流、碌碌無為的人群。

立志成功之人，會滿懷信心地朝著目標奮進，無論結果怎樣，都會勇敢面對。他們相信人定勝天，路是人走出來的。他們唯一的目標便是「成功」，願意為此付出一切。他們篤信自主創新，前人走過的路，他們斷然不會再走。當機立斷是他們的一貫風格，一旦定好行動計畫，旋即付諸實踐。在他們眼中，所有前進道路上的坎坷艱難，只是試煉，而非障礙。當一個人做到了這些，毫無疑問，成功必將是屬於他的。

美國很多偉大的人物都是如此，林肯、華盛頓、格蘭特等等，無一例外。每個人都應該閱讀一下他們的傳記，讓他們偉大的精神感染自己，指導自己前進的方向。

成功需要果敢、堅定、必勝的信念。沒有果敢、堅定、必勝的信念，便不會有堅持到底的意念，成功也就無從談起。因此，為了最終贏得成功，我們必須時刻保持旺盛的鬥志和必勝的信念，義無反顧地勇往直前。

» 要獨立不要依賴

很多人自幼便養成了凡事依靠別人的習慣，父母、親朋好友都會成為他們依賴的對象，這些人無論是學習、生活，還是工作，都無法真正做到獨立自主。儘管這會為他們省卻不少麻煩，但是這種依賴心理確實非常不可取。一旦有一天無人可以依賴，他們將如何是好？惰性的依賴心理，會成為他們前進道路上的阻礙。

在現實生活中，缺乏獨立精神的人，很難開拓自己的發展空間。這類人什麼事都想依靠別人，他們的字典中從來沒有「獨立」兩字。他們在被人欺負時連反擊的勇氣都沒有，寧可忍氣吞聲，息事寧人。他們永遠都在避免作出決定，生命中所有的決定都是由別人幫他們作的。缺少了他人的幫助，他們幾乎無法在社會上立足。這種人的一生都在逃避與依賴中度日，他們完全不明白自己應該對自己、對他人、對社會負責任，以至於將自己的才能和精力全都白白浪費了。

要真正取得成功，必須要完全依靠自己的力量。我們要相信，天助自助者。無論多麼艱難，都要學會獨立打拼。有的父母因為出身貧寒，歷盡艱辛才獲得成功，因此不願意讓自己的子女吃同樣的苦頭，凡事都為他們安排得盡善盡美，這樣便養成了子女的依賴心理。當這些從小嬌生慣養的孩子

長大以後，任何一點挫敗都會令他們喪失鬥志。成功對他們來說，無異於天方夜譚。要想獲得成功，必須從這一刻開始拋掉凡事依賴別人的惡習，勇敢堅定地邁出獨立之路。

優秀的船員，絕不會誕生在風平浪靜的港灣中。一個人真正獨立的那一天，就是他向成功邁進的開始。捨掉對旁人的依賴，才能將自己體內潛藏的能力與智慧發揮出來。

總是在別人的幫助下生活，任何人都會喪失獨立的能力。要想贏得尊嚴與成功，就必須完全依靠自己的力量生存在這個世界上。受人恩惠並非好事，你在得到恩惠的同時，會失去更多。真正的好朋友不會什麼都幫你，什麼都不讓你嘗試。真正的好朋友會支持你獨立、自主、堅強、努力、打拚。

對成功人士來說，做任何事都顯得輕而易舉，因為他們能果斷抓住機會。他們一旦決定便會立刻去做，制定詳盡的計畫並按計畫去執行。有遠大抱負並且自信理智的人，總會獨立做決定。除非他們身邊有能力、見識等方面高於他們的人，才會向其告知自己的計畫，與其商議。他們會在仔細考察、研究後才作出決定，然後根據自己的見識制定出周密的計畫，並立刻付諸實踐。他們不做無把握之事，不會趁機鑽漏洞，也不會猶豫不決。他們清楚做事情必須堅持到底，一旦退出就前功盡棄。所以，無論遇到何種苦難他們都絕不會

屈服。

如果一個人不能做到獨立自主，真正服從自己的心意，追求自己的人生目標，那麼他永遠都無法獲得成功。凡事瞻前顧後，什麼都要別人幫自己做決定，這樣的人即使是天才，最終也會變成庸才。

獨立、自信、做自己想做的事、成為自己想做的人，只有這樣，才活得有尊嚴、有價值。

» 要完美不要敷衍

作為火車上的運務人員，喬一直廣受人們的歡迎。無論是同事還是乘客都對他喜愛有加，原因就是他的性格非常樂觀開朗。可惜，對於自己的工作，他卻並不用心。

他一直都表現得很懶散，有時還會飲酒。當有人因此提出異議時，他便會笑著給出這樣的回應：「別為我擔心啦！我的狀態都不知道有多好！不過還是要謝謝你這麼關心我！」他說話的口氣如此雲淡風輕，倒讓對方覺得是自己判斷錯誤了，也許這件事根本就沒有自己想像中的那麼嚴重。

一個寒夜，火車在行駛途中因為風暴誤點，喬非常不耐煩地抱怨起來。這種糟糕的天氣可真是麻煩，他一面抱怨一

面開始偷偷地喝酒。在酒精的作用下，他很快又恢復了好心情，與周圍的人有說有笑。在此期間，司機以及所有列車員都在緊張地關注著天氣和路面狀況。

火車開到兩個站之間時，由於引擎的汽缸蓋出了故障，只能停止前進。另外一輛火車在幾分鐘後就會沿著同一條鐵軌駛過來了，到時將會造成一場嚴重的事故。在這千鈞一髮的危急關頭，列車員匆匆忙忙地來到喬所在的後車廂，吩咐他趕緊亮起紅燈，給後面馬上就要到來的火車發出後退的信號。醉醺醺的喬絲毫不以為然，還笑著說：「別急，讓我先穿上外套。」

「不能不急了！」列車員的語氣異常嚴肅，「後面的火車馬上就要過來了！」

「好，我知道啦！」喬笑著答應下來。

列車員隨即又飛快地趕回司機那邊。然而，在列車員走後，喬並沒有馬上履行自己的諾言。他慢慢地穿上了外套，因為覺得冷，又喝了口酒。到這時，他才終於提著用來傳達信號的燈籠下了火車。

他在鐵軌上緩步而行，還輕鬆地吹起了口哨。未等他邁出十步，遠遠就聽到火車疾馳而來的巨大響聲。這一刻，喬再想作出什麼挽回，也已經來不及了。後面那輛火車猛地撞擊過來，整個火車都被撞得面目全非，只聽到蒸汽滋滋的響

聲和乘客們的慘叫聲，場面無比慘烈。

混亂中，喬消失得無影無蹤。等到翌日，人們在一座穀倉中找到他時，他已經瘋了。那盞用來傳達信號的燈籠還在他手中，他揮舞著已經熄滅的燈籠，朝一列不存在的火車呼喊：「喂，你們看到我的信號沒？」

人們將喬送回家。之後，喬進了精神病院。他終日在精神病院中一遍遍慘叫著：「喂，你們看到我的信號沒？喂，你們看到我的信號沒？」許多乘客的性命就葬送在了他懶散的惡習下，而他自己也遭到了報應，餘生都將生活在瘋癲與悔恨中。

多少人都在心中呼喊著與喬類似的話語，只要能獲取一個挽回過錯的機會，就算要賠上自己的性命，他們也心甘情願。不過，有些受到挫折的人，還是會作出馬馬虎虎、得過且過的反應。「做一天和尚撞一天鐘」，隨即成為了他們的人生信條。

要想讓人生充滿樂趣和希望，就一定要保持高昂的鬥志。只有這樣，才能令你在追求成功的道路上全力以赴。一個缺乏鬥志，精神不振的人，即使才能過人，也難以避免走向失敗的結局。失敗並不可怕，可怕的是對失敗的屈從。人們應該不斷追求進步和成功，否則，便喪失了一切生機與希望。假如一個人現在的收入僅能維持日常生計，那麼要改善

這一現狀，他就必須振作精神，鬥志昂揚地投入自己的工作中。

　　一個人若將自己的體力和精力全都浪費在馬馬虎虎的工作過程中，那麼他將注定一事無成。也就是說，對人生馬馬虎虎，得過且過的人，根本無法找到自己在社會中的定位。在他們看來，任何一份工作都有人在做，並且做得比自己好得多。他們對社會做不出半點貢獻，沒有了他們的存在，社會照樣正常運轉。帶著這樣的想法投入工作，可想而知他們的成果如何，別人對他們的評價又是怎樣的。如果畫家在畫畫時三心二意、得過且過，又怎麼可能創作出傳世名畫？與之形成鮮明對比的是那些既獨立又勤奮的人，只有他們才能得到社會的肯定。古往今來，所有偉大的作品全都是作者全神貫注，精益求精的成果。

　　勤奮的人從來不會浪費時間怨天尤人，他們無時無刻不在踏踏實實地工作。只有那些懶散懈怠、敷衍塞責的人才會一直怨天尤人，抱怨命運不肯賜予自己成功的機會。殊不知再好的機會對這種人而言都形同虛設，他們的惰性只會讓自己白白錯失良機，最終一無所獲。相較於他們，那些真正的有心人卻能從一切看似不起眼的細節中找到機會。這類人就如同勤勞的小蜜蜂，不放過每朵能採摘的花，窮盡一生的時間都在尋覓各種的機會。每天遇到的每一個人，每一段小小

的生活經歷，對他們來說都意味著一次機會。他們會把握住這些機會，不斷增加自己的知識，提升自己的才能。

快樂會自動遠離那些做事敷衍之人，因為他們做的所有事都漏洞百出，不僅辜負了他人的期望，更令自己自慚形穢。只有做任何事都力求完美無瑕，才能減少我們生命中的種種缺憾，才能令我們感到成功與滿足，充實與愉悅。

做任何事都力求完美的人，會擁有昂揚向上的鬥志、海納百川的胸襟，以及純潔高尚的人格。好習慣對人們的幫助是其他任何事物都無法比擬的。

若將人生比作蓋房子，那麼對完美的追求就相當於奠基。一座房子是否堅固，關鍵就在於奠基。要想得到穩固的人生基石，便不能持有敷衍的態度。敷衍這項工作，再敷衍那項工作，如此日積月累，遲早你也會變成被敷衍的一方。連基石都沒打穩，如何建造堅不可摧的房屋？

凡事敷衍塞責，從來都與完美無緣的人，是注定的失敗者。一個追求完美的人，在充實地度過自己的一天以後，晚上臨睡前會擁有旁人難以想像的滿足感與成就感。

要想為自己的人生奠定穩固的基礎，那就從現在開始摒棄敷衍，努力養成追求完美的好習慣吧！你的才智會在這個過程中突飛猛進，你的身心會感受到前所未有的愉悅與滿足。想要成功的年輕人們，當你們踏入社會，開始嶄新的人

生歷程時，一定要謹記養成凡事追求完美的好習慣，它會對你們的成功大有幫助！

總之，凡事追求完美對年輕人而言尤其重要。人們應從小養成良好的習慣：要麼不做，要麼做好。因為，付出多少，回報多少。要得到最好的回報，便要竭盡所能作出最大的付出。史特拉第瓦里是一位優秀的小提琴製造家。他製作一把小提琴通常都要耗時良久，這一點最初得不到人們的理解，反而讓他因此淪為別人的笑柄。然而，如今再看他費盡心血製造的小提琴，無一不是價值連城的珍品。

做事不追求完美的人，通常難以獲得成功。因為這樣的人，很難集中所有精力去做好一件事，極盡地將自己的潛能發揮出來。要想贏得成功，得到別人的認同，凡事追求盡善盡美很重要。

任何人都有能力把握自己的命運，只要肯努力養成良好的習慣，就能看到成功的希望曙光。不要在乎他人的看法，堅定自己的信念，一旦開始，就要竭盡所能做到最好。

如何成為一個偉大的人？其中一個途徑就是竭盡所能地追求完美，忘我地投入創造完美的過程之中。生活的熱情，來自對完美的追逐。我們要客觀全面地分析自己和他人，取其精華，去其糟粕，只有這樣才有可能成就偉大的人生。

查爾斯‧金斯利說過：「只有傾盡所有，投身於一生的

使命之中，才能擁有最崇高的人生目標，鍛造出最勇敢堅韌的品格以及最強大無敵的自制力，最終圓滿完成自己的使命。」

科爾頓說：「人的一生若是僅剩下一項追求目標，那便是人類最崇高的追求 —— 對美德的追求。」愛默生也說：「美德的力量到底有多大，完全不可估量，但其價值一定在人類所有的追求目標中占據著最重要的位置。」

無論做什麼事情，都應追求完美，切忌敷衍塞責，否則只會遭人鄙棄。在這個社會中，只有那些勤奮踏實、工作細心的人方能在競爭中占據有利地位。凡事只懂得敷衍的人，在社會中會處處碰壁，當他們走投無路時，沒有人會對他們伸出援手，因為一個對自己都不負責的人，又如何能奢望別人的幫助？即便別人肯幫，也不過是徒勞無益。

有一個大型機構的建築上寫著這樣一句話：「這裡是一個要求完美的地方。」其實，我們每個人都應以此標準要求自己，凡事力求完美，做到這一點會使我們的生活取得顯著的進步。

因鬆懈懶散、怠忽職守而導致的重大事故在歷史上不計其數。發生在美國賓州奧斯汀鎮的海水決堤事故就是一個典型的例子。這一事故造成無數的傷亡及財產損失，究其原因，正是因為施工方在打地基的時候馬虎敷衍、不按原計畫

施工。這種悲劇在我們廣袤的土地上發生過多次，並且還將繼續下去。我們只有將一切工作都做到盡善盡美，才能避免再發生類似的悲劇。這種處世態度不僅可以避免悲劇的發生，也能使我們的品格得到昇華。它促使我們在做事時堅持不懈、勇往直前、盡全力追求完美，做到有始有終。

在追求成功的道路上，一往無前、力求完美的決心是不可或缺的。那些時代的先驅者、我們生活的楷模都是這樣的人。這些人都胸懷大志、做事力求完美，他們在自己取得成功的同時，也造福人類，為社會作出了貢獻。

很多年輕人對待工作缺乏追求完美的決心，他們做事時馬虎大意、隨隨便便，最終導致了自己的失敗。所以有人說，鬆懈和輕率往往會造成最大的損失。

位於華盛頓的國家工商管理局有很多無人問津的專利，並且每天都在增加。這正是由於發明家做事太馬虎，發明出的東西沒有實用價值導致的。這種發明既浪費了他們寶貴的時間，也浪費了他們的天賦，真的非常可惜。凡事應盡力做到完美，不能故步自封，滿足於勉強通過的程度。如果這些發明家能抱著力求完美的心態，更加努力地去鑽研的話，就不會出現這種白費力氣的事情了。

很多一心渴望升遷的人卻不明白獲得升遷的訣竅。只有那些對待工作認真負責、盡力追求完美的人才有可能得到主

管的賞識，從而獲得升遷。

陶瓷工匠威治伍德（Josiah Wedgwood）非常熱愛自己的工作，他不能容忍自己的作品有一點瑕疵。如果對一件作品不滿意，他便會將其打碎，重新再做一件。即使顧客已經很滿意了，他仍然會從作品中找出不足之處，隨即改正。這種在藝術上精益求精、追求完美的精神，最終使得威治伍德的陶瓷作品成為傳世精品。

只有對自己的工作認真負責，在工作的細節中努力追求完美，才能得到升職加薪的機會。要想將一件事做成功，一定要有必勝的信念和對完美細節的追求。所有成功人士無不如此，正是這種信念與追求令他們一直走在時代的前端，引領時代潮流，將自身樹立成為所有人的成功典範。他們在確定了自己的人生目標之後，便終生奮鬥在追求完美的道路上，不達目的誓不罷休。最終，他們取得了偉大的成就，並造福於整個人類社會。對完美不屈不撓的追求，最終將締造完美的生活。在這樣的生活中，到處充滿燦爛的陽光。

很多人習慣高估自己，因為覺得平凡的工作崗位無法發揮自己的才能，所以寧可不做。殊不知許多難得的機遇就隱藏在這些平凡的工作崗位之中。無論你的職位多麼卑微，只要努力將自己的潛能發揮出來，將本職工作做到完美的極限，終有一日，你會取得傲人的成就。

一個慣於敷衍塞責的人，永遠都無法成就自己的事業。而且，這種潦草的工作態度在成為習慣以後，會使一個人淪落為所有人鄙棄的對象，使他陷入自甘墮落的沼澤，再難脫身。很多人對自己的工作敷衍潦草，理由是時間不足。然而，只要用心，任何人在做任何事之前都能夠找到充分的準備時間，並在這樣的前提下，將這件事做到完美。追求完美的習慣會給我們帶來無盡的成就感與滿足感。成功人士總是習慣追求完美，不管他們身處何種職位，都將竭盡所能，完美地完成任何一項工作。

我們在做完每件事後，都要持有這樣的心態：「在做這件事的過程中，我已毫無保留地傾注所有。可是為了讓它更加完美，我希望聽到他人批評的聲音，給我不斷改進的意見。」

》 你就是成功者

成功的機會是靠自己爭取的，只要鼓足勇氣，堅持不懈地努力下去，就可以為自己爭取到成功的良機，做自己命運的主宰者。可惜，很多人並不相信這一點。他們盲目認定，人人都被不可抗拒的命運控制，命中注定有些人是成功者，有些人是失敗者，無論人們怎樣發揮主觀意識，都無法改寫

自己的命運。失敗者通常都抱有這樣的心態：自己並不是幸運者，根本沒有成功的機會。這是一種多麼無知的念頭啊！世間最可悲的莫過於對命運毫不反抗，屈服到底。這種自暴自棄的做法最終將毀滅人的靈魂。若是他們能及時糾正自己的思想偏差，積極樂觀地去追求事業，便不會被失敗的陰影籠罩一生。心理上認定自己成功的人才有機會功成名就，否則，便永遠將這種機會阻隔在門外。

將自己視作天生的失敗者，無異於對成功關閉了大門。這種人心裡想的永遠都是失敗，以及失敗以後會怎樣，他們就如被採摘下來的花，在很短的時間內就耗光了生命的全部能量。一個人的思想若被失敗的預感占據，他的行動自然而然就會向失敗靠攏。失敗的思想，最終必將造就失敗的結局。在現實中，這種失敗者隨處可見。他們好逸惡勞，卻將自己的失敗歸咎於運氣欠佳。他們從來不曾認真思考過這樣一個問題：很多成功者的條件與自己相當，甚至比自己更加惡劣，為什麼兩者之間的成就卻有著天壤之別？

成功從來不是幸運和偶然事件，而是由積極自信的心態決定的。擁有自信的人，即使沒有出眾的才能，也能取得一定的成就。這就是為什麼有許多資質平平的人，其成就卻高於那些才智出眾的人。人們失敗的原因，在很多情況下都是因為心態出現了偏差，與才能無關。也就是說，阻撓我們

走向成功的關鍵因素往往是心態而非能力，擁有成功的心態對人們極為重要。想要成功，先要讓自己向成功者的形象靠攏，無論是外表還是內在。如果能夠這樣堅持下去，成功只是一個遲早的問題。

你將來的形象，一定是由你的現在決定的。若是你立志做英雄，那麼只有從現在開始培養自己大無畏的英雄氣概，才有實現理想的可能。假如你是一個膽怯羞澀的人，要改變這種現狀，就必須讓自己堅定信念，相信自己是一個勇敢的人。不要給自己任何動搖信念的機會，無論何時何地何種情況，都需昂首挺胸，勇往直前。假如一個人能在恰當的場合與時間展露出自己成功者的一面，那麼不管他多麼膽怯羞澀，都有獲得自信，贏取成功的希望。生活需要自信者。

如果你對自己缺乏信心，可以用這樣的話來鼓勵自己：「首先，我並非別人眼中的焦點，他們不會給我多少關注；其次，就算他們真的將我視作焦點也無所謂。我就是我，我的生活應該完全按照我自己的意願繼續下去。」

內心的膽怯與羞澀讓你無法變成勇士。要想克服這一點，就必須要時常給自己這樣的暗示：「我是天生的成功者，這個世界上再沒有人比我更有資格獲得成功。」一旦在心裡堅定了這樣的信念，便將自己的形象完全改變了，由懦夫變為勇士。在這個過程中，自信和勇氣都將接踵而至。你要以

自己的實力證明給那些罵你愚蠢的人們看，他們才是真正愚蠢的人，而你是真正的智者。

不要害怕磨難，因為人只有經歷磨難才能進步。每個人都擁有上帝賦予的才能，假如因為磨難而故步自封，不求進取，便是對自己才能的可恥浪費。成功永遠不會光顧這種猶豫膽怯的人。我們必須要為自己努力創造機會，爭取成功。不要膽怯，不要猶豫，想要什麼，就勇敢地追求到底。只有這樣，才能找到成功的正確途徑。

自我暗示對人生信念發揮著很重要的作用。我們所遭遇的種種慘痛，皆可藉助自我暗示進行調節。透過自我暗示，堅定必勝的信念，能夠幫助我們克服任何困難；反之，如果信念動搖，才能再強大的人也會面臨失敗。

任何人如果能將自己的潛能很好地發揮出來，都會獲得一定的成就。這就要求我們給予自己高度的自我評價，進而激發起體內潛藏的巨大能量。思想指導我們的行動，成功需要自信積極的思想作指導。要想加快走向成功的步伐，我們便需要給自己恰如其分的評價，並且要對自己有信心，堅信我們比別人更優秀。這樣的信念將會在精神上給予我們強大的支持，促使我們最終走向成功。

電子書購買

爽讀 APP

國家圖書館出版品預行編目資料

資產為「負」的出身，享受最「富」的人生：妄自菲薄、怨天尤人、漫無目的……別整天怪父母沒有好資源，先看看自己中了幾項缺點？/ [美] 奧里森·馬登（Orison Marden），克莉絲汀·摩爾（Kristin Moore）著·逸凡 譯 . -- 第一版 . -- 臺北市 : 崧燁文化事業有限公司，2023.11

面；　公分

POD 版

譯自：Noble personality.

ISBN 978-626-357-723-7(平裝)

1.CST: 自我實現 2.CST: 成功法

177.2　　112016021

資產為「負」的出身，享受最「富」的人生：妄自菲薄、怨天尤人、漫無目的……別整天怪父母沒有好資源，先看看自己中了幾項缺點？

臉書

編　　著：[美] 奧里森·馬登（Orison Marden），克莉絲汀·摩爾（Kristin Moore）

翻　　譯：逸凡

發 行 人：黃振庭

出 版 者：崧燁文化事業有限公司

發 行 者：崧燁文化事業有限公司

E - m a i l：sonbookservice@gmail.com

粉 絲 頁：https://www.facebook.com/sonbookss/

網　　址：https://sonbook.net/

地　　址：台北市中正區重慶南路一段六十一號八樓 815 室

Rm. 815, 8F., No.61, Sec. 1, Chongqing S. Rd., Zhongzheng Dist., Taipei City 100, Taiwan

電　　話：(02)2370-3310　傳　　真：(02) 2388-1990

印　　刷：京峯數位服務有限公司

律師顧問：廣華律師事務所 張珮琦律師

定　　價：350 元

發行日期：2023 年 11 月第一版

◎本書以 POD 印製